Michael Bünker Helene Miklas Karl Schiefermair

Unter einem Himmel

Biblische Geschichten für den Religionsunterricht
mit Bildern und Grafiken von Fiona Pramberger

FÜR alle Kinder, die uns geholfen haben:

Magdalena, Riccarda und Maximilian
Peter, Brita, Arni und Andreas
Jan und Fabian
Krischka, Marian, Dejan und David
Verena, Sabrina, Stephanie, Maria, Katrin, Julia, Kerstin, Sabine, Daniela, Jennifer, Kevin, Edidia, Sarah, Michael, Isabell, Philip, Sebastian, Mario, Beate, Christine, Christoph, Martin, Carola, Werner, Daniel, Denise, Lisa, Robert, Wilfried, Marina, Arthur, Birgit, Michaela, Benjamin, Janine.....

und auch für DICH!

Inhalt

AUFBRUCH INS UNBEKANNTE

Ein Mann macht sich auf den Weg.
Gott hat ihn gerufen:
„Ziehe weg aus deinem Vaterland,
weg von deinen Verwandten.
Und ziehe in ein neues Land,
ein Land, das ich dir zeigen will.
Es soll dir gutgehen dort.
Ich will dich segnen:
Ich will dich zu einem großen Volk machen.
Ich will dich schützen:
Wer dir Gutes tut, dem werde ich Gutes tun.
Wer dir im Weg steht, dem werde ich im Weg stehen.
Alle Menschen, die jetzt auf dem Erdboden leben
und die nach dir kommen,
sollen in dir gesegnet sein."

Ein Mann macht sich auf den Weg.
Er hört auf Gott.
Er zieht weg,
zusammen mit seiner Frau Sara.
Zusammen mit seinem Neffen Lot.
Zusammen mit seinen ganzen Viehherden,
und zusammen mit den Knechten und Mägden, die sie hüten.

Ein Mann macht sich auf den Weg.
Die Reise ist weit.
Er zieht durch die Wüste,
bis er in das neue Land kommt.
Das Land heißt Kanaan.
Dort wohnen viele Menschen.
Der Mann durchquert das Land.
Er macht Rast in Sichem.
Dort baut er seine Zelte auf
bei einem großen Baum.
Gott spricht zu ihm:
„Dieses Land wird deinen Kindern und Kindeskindern gehören."
Der Mann baut einen Altar,
einen Altar aus Erde und aus Steinen.
Ein Dankeszeichen für Gott.
Nach einiger Zeit baut er seine Zelte wieder ab
und zieht weiter.

Der Mann heißt Abraham.

(Genesis 12, 1–9)

„Geh, Abraham!", sagt Gott.
„Geh in ein neues Land.
Ich zeige es dir.
Ich schaue auf dich!"
Und Abraham geht,
mit seiner Frau Sara,
mit seinem Neffen Lot
und mit seinen Tieren.
Abraham ist alt,
aber er geht.
Es ist eine lange Reise.

Abraham kommt in das neue Land.
Gott sagt:
„Das Land gebe ich dir.

Dir und deinen Kindern."
Abraham freut sich.
Er sagt:
„Danke, Gott!"

ABRAHAM STIFTET FRIEDEN

Von Weideplatz zu Weideplatz ziehen sie,
von Süden nach Norden,
Abraham und seine Frau Sara,
mit allem, was sie haben.
Abraham und Sara sind reich geworden,
reich an Vieh, an Silber und an Gold.
Von Weideplatz zu Weideplatz ziehen sie,
von Süden nach Norden.
Auch Lot zieht mit.
Auch Lot hat Schafe, Rinder und viele Zelte.
Zelte, in denen seine Hirten mit ihren Familien leben.
Aber die Weideplätze sind für beide Herden zu klein.
Es gibt zu wenig Gras als Nahrung
und zu wenige Wasserstellen.
Abraham und Lot werden nicht zusammenbleiben können.

Da gibt es Streit,
Streit zwischen Abrahams Hirten und Lots Hirten,
Streit über Abrahams Vieh und über Lots Vieh,
Streit über Nahrung und Wasser.

Abraham sagt zu Lot:
„Es soll keinen Streit geben zwischen dir und mir,
zwischen deinen Hirten und meinen Hirten.
Wir sind doch schließlich verwandt!
Das Land trägt uns nicht beide.
Wir müssen uns trennen.
Das ganze Land steht dir offen. Wähle du:
Wenn du nach links gehst,
dann gehe ich nach rechts.
Und wenn du nach rechts gehst,
dann gehe ich nach links."

Und Lot schaut sich nach allen Seiten um.
Da ist der große Fluss, der Jordan.
Er sieht das fruchtbare Land am Fluss,
fruchtbar wie ein Garten Gottes.
Und Lot wählt dieses Land,
um dort zu wohnen.
Abraham bleibt in Kanaan.

Dann spricht Gott zu Abraham:
„Schau dich nach allen Seiten um, Abraham.
Schau nach Norden und nach Süden,
nach Osten und nach Westen.
Das ganze Land will ich dir geben,
dir und deinen Nachkommen.
Für immer.
Deine Kinder und Kindeskinder,
sie werden so zahlreich sein,
wie der Staub der Erde.
Kann jemand den Staub der Erde zählen?
Ziehe durch das Land nach allen Richtungen.
Dir will ich es geben."

Von Weideplatz zu Weideplatz ziehen sie,
Abraham und seine Frau Sara,
mit allem, was sie haben.

(Genesis 13, 1–18)

Abraham und Sara haben viele Tiere.
Die brauchen Wasser und Gras.
Lot hat auch viele Tiere.
Die brauchen auch Wasser und Gras.
Zusammen ziehen sie durch das Land,
von Brunnen zu Brunnen,
von Wiese zu Wiese.
Aber das Gras ist nie genug.
Das Wasser ist auch nie genug
für die große Herde.
Es gibt Streit,
Streit zwischen den Hirten.
Abraham sagt:
„Ich will keinen Streit, Lot.
Aber das Gras ist nicht genug.
Das Wasser ist nicht genug.
Wir müssen auseinander gehen.
Wähle du.
Gehst du nach links,
dann gehe ich nach rechts.
Gehst du nach rechts,
dann gehe ich nach links."
Lot sieht den großen Fluss,
den Jordan.
Lot sieht saftiges Gras beim Fluss.
Da will er wohnen.
Dort baut er seine Zelte auf.
Nun sind Abraham und Sara allein.

DIE VERHEISSUNG UND DAS WARTEN

Die Zeit vergeht.
Da spricht Gott wieder zu Abraham.
Er spricht zu ihm durch einen Traum:
„Fürchte dich nicht, Abraham.
Ich bin dein Schutz und Schild.
Viel mehr als du brauchst,
will ich dir geben!"
„Ach, Herr, mein Gott", sagt Abraham.
„Was kannst du mir schon geben?
Ich sterbe doch kinderlos
und ein Knecht wird mein Erbe sein."
„Nein, Abraham", spricht Gott.
„Nicht dein Knecht,
dein eigener Sohn wird alles erben."
Und Gott führt Abraham aus dem Zelt
hinaus ins Freie.
Und Gott sagt:
„Schau doch zum Himmel hinauf
und zähle die Sterne.

Kannst du sie zählen?
So unendlich zahlreich wie die Sterne
werden deine Nachkommen sein."
Abraham vertraut auf Gott.
Er vertraut auf sein Versprechen.
Gott rechnet ihm das hoch an!

(Genesis 15, 1–6)

„Abraham, habe keine Angst.
Ich beschütze dich.
Ich gebe dir alles, was du brauchst!"
„Ach Herr, mein Gott,
was willst du mir geben?
Ich habe nicht einmal Kinder!",
sagt Abraham.
„Gehe hinaus
aus dem Zelt, Abraham.
Schaue dir die Sterne an,
die vielen Sterne.
Kannst du sie zählen?
So viele Nachkommen wirst du haben!",
sagt Gott.
Da freut sich Abraham.
„So wird es sein!", denkt er.

DER BESUCH DER DREI MÄNNER

Bei den Eichen von Mamre
steht Abrahams Zelt.
Abraham sitzt am Eingang.
Es ist Mittag und brütend heiß.
Wie Abraham nun aufblickt und sich umschaut,
sieht er drei Männer stehen –
in der Hitze des Tages.
Rasch steht Abraham auf
und läuft geschwind zu ihnen hin.
„Geht nicht vorüber!", sagt er.
„Kehrt doch bei mir ein.
Ich werde Wasser bringen lassen.
Dann könnt ihr euch den Staub von den Füßen waschen.
Ruht euch aus im Schatten des Baumes.
In der Zwischenzeit bringe ich euch eine Kleinigkeit zum Essen.
Und wenn ihr erfrischt seid,
dann könnt ihr weiterziehen."
Die Männer sind einverstanden.

Abraham eilt ins Zelt.
„Sara, schnell, nimm drei Schüsseln mit feinem Mehl,
knete es und backe Kuchen."
Dann läuft Abraham zu seiner Herde.
Er wählt ein schönes, zartes Kalb
und gibt es einem Knecht zum Schlachten.
Dann nimmt Abraham frische Milch, Sauermilch
und den Kalbsbraten,
und legt es den drei Männern vor.
Die Männer sitzen unter dem Baum und essen.
Abraham bleibt stehen
und bedient sie.

Nach dem Essen fragen die Männer:
„Wo ist Sara, deine Frau?"
„Drinnen, im Zelt", antwortet Abraham.
Da sagt der eine:
„Nächstes Jahr um diese Zeit komme ich wieder.
Dann wird Sara, deine Frau, einen Sohn haben."

Sara hört das im Zelt.
Sie muss lachen.
„Ich bin alt und kann kein Kind mehr bekommen!",
denkt sie.
„Abraham ist auch schon viel zu alt dafür.
Das ist doch zum Lachen!"

Der eine sagt:
„Warum lacht Sara?
Warum denkt sie:
Ich kann keine Mutter mehr werden,
denn ich bin doch viel zu alt?
Gibt es irgendetwas,
irgendetwas, das für Gott unmöglich ist?
Nächstes Jahr um diese Zeit komme ich wieder.
Dann wird Sara einen Sohn haben."

Sara ist erschrocken.
„Ich habe nicht gelacht!", sagt sie.
„Doch, du hast gelacht
und bald wirst du wirklich lachen können!",
sagt der eine.

Dann brechen die drei Männer auf.

(Genesis 18, 1–15)

Abraham sitzt beim Zelt.
Es ist sehr heiß.
Da kommen drei Männer.
Abraham gibt ihnen zu essen.
Da sagt einer:
„Sara wird einen Sohn haben,
in einem Jahr!"
Sara lacht:
„Ich bin viel zu alt!",
denkt sie.
Der Mann sagt:
„Für Gott ist nichts zu schwer!
Bald kannst du dich freuen, Sara!"

FREUDE ÜBER ISAAK

Und es geschieht!
Es geschieht, wie Gott es versprochen hat.
Sara wird schwanger
und sie bringt einen Sohn zur Welt,
wie Gott es versprochen hat.
Sara und Abraham nennen ihn Isaak.
Sara jubelt:
„Gott hat dafür gesorgt,
dass ich wieder lachen kann.
Wer hätte das je gedacht,
dass ich noch einmal ein Kind bekomme!
Wer hätte je gedacht,

dass man meinem Mann noch einmal berichtet:
'Sara stillt ein Kind!'
Ich habe Abraham wirklich einen Sohn geboren.
In unserem Alter!
Lacht mit mir! Freut euch mit mir,
ihr alle, die es hört!"

Und Isaak wächst heran.
Er wächst und gedeiht.
Abraham und Sara feiern ein Fest.
Ein Freudenfest – ein Dankesfest.
Sara lacht und lacht!
Alle staunen und sagen:
„Womit wird uns Gott noch überraschen?"

(Genesis 21, 1–7)

Und es kommt!
Das Kind kommt,
wie Gott es versprochen hat.

Sara und Abraham bekommen einen Sohn.
Sie nennen ihn Isaak.
Sie freuen sich!

Sara lacht vor Freude:
„Danke, Gott!
Du hast mich zum Lachen gebracht!"
Sara und Abraham feiern ein Fest,
Alle freuen sich.
Alle lachen.

Lobe den Herrn, meine Seele!

Lobe den Herrn, meine Seele.
Und was in mir ist,
seinen heiligen Namen.

Lobe den Herrn, meine Seele,
der meinen Mund fröhlich macht,
der verzeiht, heilt
und uns mit seiner Liebe krönt.

Lobe den Herrn, meine Seele.
Und was in mir ist,
seinen heiligen Namen.

Lobe den Herrn, meine Seele,
der wie ein Vater ist,
seine Kinder liebhat
und nicht nach Fehlern sucht.

Lobe den Herrn, meine Seele.
Und was in mir ist,
seinen heiligen Namen.

Der Mensch ist wie Gras:
er blüht auf wie eine Blume am Feld
und verblüht wieder.
Gottes Liebe aber bleibt für immer.

(Psalm 103)

DIE UNGLEICHEN ZWILLINGE: ESAU UND JAKOB

Isaak ist ein Mann geworden.
Er heiratet Rebekka.
Rebekka kommt von weit her, von Haran.
Rebekka und Isaak haben keine Kinder.
Das macht ihnen großen Kummer.
Doch dann endlich wird Rebekka schwanger.
Rebekka und Isaak bekommen zwei Kinder.
Zwillinge, zwei Buben.
Der Erstgeborene hat viele Haare
und eine rauhe Haut.
Rebekka und Isaak nennen ihn Esau.
Der Zweitgeborene hält Esau beim Fuß fest.
Will er der erste sein?
Rebekka und Isaak nennen ihn Jakob.

Beide Buben wachsen heran.
Als sie groß sind, wird Esau Jäger
und streift durch das Gebirge.
Jakob bleibt bei den Zelten
und hütet das Vieh.
Isaak hat Esau am liebsten.
Er isst so gerne von seinem Wildbret.
Esau ist sein Liebling.
Rebekka hat Jakob am liebsten.
Jakob ist ihr Liebling.

Einmal ist Jakob beim Zelt.
Er kocht eine Linsensuppe.
Esau kommt heim.
Er ist hungrig und müde.
„Komm, lass mich essen von der roten Suppe da.
Ich bin hungrig und müde!"
Jakob sagt:
„Zuerst musst du mir etwas versprechen.
Versprich mir, dass ich von nun an derÄltere bin.
Versprich mir, dass ich von nun an
die Rechte des Ältesten habe,
die Rechte des Erstgeborenen."

Esau antwortet:
„Ich sterbe fast vor Hunger.
Was nutzen mir da meine Rechte?
Die Rechte des Erstgeborenen?"

„Schwöre es zuerst!", spricht Jakob.
Und Esau schwört es:
„Von nun an hast du die Rechte des Ältesten,
die Rechte des Erstgeborenen!"

Jakob gibt Esau Brot
und einen Teil von der Linsensuppe.

Esau isst und Esau trinkt.
Danach steht er auf und geht wieder weg.
Satt, aber ärmer geworden.

(Genesis 25, 20–34)

**Rebekka und Isaak bekommen Kinder:
Zwei Buben, Zwillinge.
Den älteren nennen sie Esau.
Den jüngeren nennen sie Jakob.**

Die Buben werden groß.
Esau wird Jäger.
Jakob sorgt für das Vieh.
Esau ist Isaaks Liebling.
Jakob ist Rebekkas Liebling.

Esau ist auf der Jagd.
Er kommt hungrig nach Hause.
Jakob hat eine Suppe gekocht.
Esau möchte gerne die Suppe essen.
Jakob sagt:
„Nur, wenn ich der Älteste sein darf."
Esau verspricht es.
Esau isst von der Suppe.
Dann geht er wieder.
Nun ist Jakob der Älteste.

AUS BRÜDERN WERDEN FEINDE

Wieder gehen Jahre vorbei.
Isaak ist alt geworden.
Seine Augen sind schwach.
Er ist beinahe blind.

Isaak ruft Esau: „Mein Sohn!"
Esau antwortet: „Hier bin ich!"
Isaak sagt:
„Ich bin alt geworden.
Vielleicht muss ich bald sterben.
Nimm deine Waffen.
Jage mir ein Wild.
Bereite mir ein gutes Essen,
wie ich es gerne habe.
Ich will essen und dann will ich dich segnen,
bevor ich sterbe."
Esau geht los, um ein Wild zu jagen.

Rebekka hat aber alles gehört.
Sie denkt an ihren Liebling Jakob.
Sie ruft ihn:
„Jakob, dein Vater hat Esau losgeschickt.
Er soll ein Wild jagen
und ihm ein gutes Essen zubereiten.
Er will essen und dann Esau segnen.
Höre nun auf mich, mein Sohn!
Gehe zu deiner Herde
und hole mir zwei Ziegenböcklein.
Ich koche deinem Vater ein gutes Essen,
wie er es gerne hat.
Und du bringst es deinem Vater.
Er soll es essen und dich dann segnen!"
Jakob aber sagt:
„Esau hat so viele Haare
und ich bin ganz glatt.
Was ist, wenn mein Vater das spürt?
Dann stehe ich als Betrüger da.
Dann verflucht er mich,
und den Segen bekomme ich nicht!"
Rebekka sagt:

„Wenn er dich verflucht,
soll sein Fluch mich treffen.
Höre auf mich, mein Sohn,
und hole die Ziegenböcklein.
Ich weiß, was ich tue!"
Jakob holt die Ziegenböcklein
und bringt sie seiner Mutter.
Rebekka bereitet ein gutes Mahl,
wie Isaak es gerne hat.
Dann nimmt sie Esaus beste Kleider
und zieht sie Jakob an.
Mit den Fellen der Ziegenböcklein
bedeckt sie seine Hände und seinen Hals.
Sie gibt Jakob das gute Essen.
Er soll es seinem Vater bringen.

Jakob geht zu Isaak.
Er sagt: „Mein Vater!"
Isaak antwortet: „Hier bin ich.
Wer bist du, mein Sohn?"
„Ich bin Esau, dein erstgeborener Sohn.
Ich habe getan, was du mir gesagt hast.
Komm nun, setze dich.
Iss von meinem Wildbret
und segne mich dann."

Isaak spricht: „Wie?
So schnell hast du ein Wild gefunden?"
Jakob sagt:
„Gott hat mir geholfen!"
Dann sagt Isaak:
„Komm zu mir, mein Sohn.
Ich möchte sicher wissen,
ob du mein Sohn Esau bist oder nicht."

Jakob tritt heran und Isaak tastet ihn ab.
Dann sagt er:
„Die Stimme ist die Stimme von Jakob,
aber die Hände sind die Hände von Esau.
Bist du wirklich mein Sohn Esau?"
Jakob sagt: „Ja!"
Dann sagt Isaak:
„Bringe mir das Wildbret.
Ich will essen und dich dann segnen."
Jakob bringt Isaak das Essen
und Isaak isst.
Er bringt ihm auch Wein
und Isaak trinkt.

Dann sagt sein Vater Isaak:
„Komm her und küsse mich, mein Sohn!"
Jakob geht zu ihm und küsst ihn.
Dabei riecht Isaak die Kleider und sagt:
„Der Geruch von meinem Sohn
ist wie der Geruch vom Acker,
den der Herr gesegnet hat.
Gott gebe dir vom Tau des Himmels
und vom Reichtum der Erde,
Korn und Wein in Fülle.
Völker sollen dir dienen.
Auch dein Bruder soll dir dienen."

Nach dem Segen –
kaum ist Jakob hinausgegangen –
da kommt Esau von der Jagd.
Er macht ein Essen,
trägt es zum Vater hinein und sagt:
„Setz dich auf, Vater!
Iss von meinem Wildbret

und segne mich dann!"
Isaak fragt: „Wer bist du?"
Esau antwortet:
„Ich bin Esau, dein erstgeborener Sohn!"
Da erschrickt Isaak über alle Maßen
„Wer war dann vor dir da?
Wer hat mir das Essen gebracht?
Wen habe ich gesegnet?"

Esau schreit laut auf:
„Vater, segne mich auch!", ruft er.
Aber Isaak sagt:
„Dein Bruder ist mit List gekommen.
Er hat deinen Segen weggenommen."
Da sagt Esau:
„Mit Recht heißt er Jakob –
denn das heißt 'der Hinterlistige'.
Zweimal hat er mich nun überlistet.
Mein Erstgeburtsrecht hat er mir genommen.
Nun nimmt er auch meinen Segen!
Hast du denn keinen anderen Segen für mich, Vater?"
Aber Isaak antwortet:
„Ich habe ihn sogar zum Herrn über dich gemacht.
Ab jetzt musst du deinem Bruder dienen."
Esau ist wütend.
Er sagt zu sich selbst:
„Wenn mein Vater tot ist,
dann bringe ich meinen Bruder um!"

Rebekka weiß, was Esau vorhat.
Sie lässt Jakob rufen:
„Jakob, dein Bruder Esau will dich töten!
Höre auf mich, mein Sohn.
Fliehe zu meinem Bruder Laban nach Haran.
Bleibe so lange bei ihm,
bis Esau nicht mehr zornig ist,
bis er vergisst, was du getan hast.
Dann will ich dich holen lassen."
Da flieht Jakob von zu Hause weg.

(Genesis 27)

Isaak ist alt geworden.
Er ist fast blind.
Er ruft Esau:
„Geh und jage mir ein Wild;
bereite mir ein Essen zu.
Dann will ich dich segnen."

Rebekka hat alles gehört.
„Schnell, Jakob!
Ziehe Esaus Kleider an.
Hole zwei junge Ziegen.
Ich will ein gutes Essen kochen.
Das bringst du dem Vater.
Verstelle dich! Spiele Esau!"

Jakob bringt dem Vater das Essen.
„Hier bin ich, Vater!
Ich – Esau!"

Isaak kann ihn nicht sehen.
Aber Isaak kann ihn hören und riechen.
Er fragt: „Bist du wirklich Esau?

Deine Stimme klingt wie Jakob.
Du riechst aber wie Esau."

„Ja, ich bin Esau!",
antwortet Jakob.

Isaak isst und trinkt.
Dann segnet er Jakob
mit einem großen Segen.

Esau kommt zurück.
Er kocht ein Essen.
Er bringt es dem Vater.
„Hier bin ich, Vater.
Ich – Esau!"

Isaak erschrickt.
„Dein Bruder Jakob hat mich betrogen.
Ich habe ihn gesegnet.
Nun habe ich keinen Segen mehr."

Esau ist wütend.
Er will Jakob töten.
Rebekka hört es.
„Schnell, Jakob, du musst weg!
Gehe zu meinem Bruder Laban.
Bleibe dort, bis ich dich rufe."
Jakob flieht.

GOTT SEGNET JAKOB

Nun ist Jakob auf der Flucht.
Er geht durch die Wüste.
Da kommt er an einen einsamen Ort.
Es wird Nacht; die Sonne geht unter.
Hier will er bleiben.
Er legt sich hin, den Kopf auf einen Stein
und schläft ein.

Jakob träumt.
Er sieht eine Leiter.
Sie steht auf der Erde
und geht bis zum Himmel hinauf.
Sie berührt mit ihrer Spitze den Himmel.
Engel steigen auf und ab.
Gott selbst steht oben.
Er spricht:
„Ich bin der Herr,
der Gott von Abraham,
der Gott von Isaak.
Das Land, auf dem du jetzt liegst,
das gebe ich dir und deinen Kindern
und deinen Kindeskindern.
Wie Sandkörner auf der Erde,
so zahlreich werdet ihr sein.
Und schau: Ich bin mit dir
und ich will dich behüten,
wo immer du hingehst.
Und ich will dich zurückbringen in dein Land.
Ich will dich nicht verlassen!"

Da wacht Jakob auf vom Schlaf.
„Gott war hier an diesem Ort,

und ich wusste es nicht!"
Jakob fürchtet sich. Er sagt:
„Das hier ist ein besonderer Ort,
Hier ist Gottes Haus!"

Und Jakob steht auf, morgens in der Früh.
Er nimmt den Stein, auf dem er gelegen ist
und stellt ihn auf.
Dann gießt er Öl über den Stein
und gibt dem Ort einen Namen:
Bet-El: Haus Gottes.
Danach macht Jakob sich auf den Weg,
auf den Weg nach Haran,
zu seinem Onkel Laban.

(Genesis 28, 10–22)

Jakob ist auf der Flucht.
Ganz allein.
Es wird Abend.
Er legt sich auf die Erde.

Jakob träumt.
Er sieht eine Leiter.
Sie reicht vom Himmel bis zur Erde.
Engel steigen auf und ab.
Und Gott ist da.

Gott sagt:
„Ich bringe dich in dein Land zurück.
Ich lasse dich nicht im Stich."
Jakob wacht auf.
„Gott war hier!", denkt er.
„Das ist ein besonderer Ort.
Ich nenne ihn Bet-El: Haus Gottes."

Dann geht er weiter.
Allein und doch nicht allein.

Brunnen

JAKOB IN DER FREMDE

Endlich kommt Jakob in das Land,
wo sein Onkel Laban lebt.
Am Brunnen trifft er Rahel.
Sie ist die Tochter von Laban.
Jakob wälzt ihr den Stein vom Brunnen
und lässt ihre Schafe trinken.
Dann erzählt er ihr, wer er ist:
Ein Verwandter von ihrem Vater,
der Sohn von seiner Schwester Rebekka.
Rahel läuft nach Hause
und erzählt ihrem Vater Laban alles.
Da eilt Laban zu Jakob.
Er umarmt ihn und führt ihn in sein Haus.
Jakob erzählt seinem Onkel Laban alles,
was er getan hat
und was zu Hause passiert ist.

„Du bist mein Verwandter!",
sagt Laban. „Bleib bei mir!"
Und Jakob bleibt bei ihm
und hilft ihm mit den Schafen.

Aber nach einem Monat sagt Laban zu Jakob:
„Du bist mein Verwandter,
aber es ist nicht recht,
dass du umsonst bei mir arbeitest.
Sag es mir:
Was für einen Lohn soll ich dir geben?"

Jakob weiß schon, was er will.
Laban hat zwei Töchter.
Die ältere heißt Lea, die jüngere Rahel.
Jakob hat sich in Rahel verliebt.
Darum sagt er:
„Ich werde sieben Jahre lang arbeiten ohne Lohn,
um Rahel als Frau zu gewinnen."
Laban ist einverstanden.
„Gut!", sagt er.
„Besser du als ein anderer."

So arbeitet Jakob sieben Jahre lang ohne Lohn,
um Rahel als Frau zu gewinnen.
Er hat sie so lieb, dass die Zeit fliegt.
Die sieben Jahre kommen ihm vor wie sieben Tage.

Nach den sieben Jahren macht Laban ein großes Hochzeitsfest.
Er lädt alle Leute vom Ort ein.
Aber am Abend bringt er Lea zu Jakob ins Zelt.
Am nächsten Morgen entdeckt Jakob den Betrug:
Nicht Rahel hat er bekommen, sondern Lea.
Er geht zu seinem Onkel:
„Onkel, warum hast du mir das angetan?
Ich habe doch für Rahel gearbeitet!
Warum hast du mich betrogen?"
Aber Laban sagt:
„In unserem Land ist es anders als bei dir zu Hause.
Zuerst muss die älteste Tochter heiraten
und dann erst die jüngeren.
Aber ich mache dir einen Vorschlag.
Arbeite noch einmal sieben Jahre für mich ohne Lohn,
dann will ich dir Rahel auch geben,
jetzt gleich, als deine zweite Frau."

Und so geschieht es.
Nun hat Jakob zwei Frauen, Lea und Rahel.
Aber Rahel liebt er mehr,
und das bringt Streit in seiner Familie.

Lea und Rahel bekommen Kinder.
Lea hat zehn Söhne:
Ruben, Simeon, Levi und Juda,
Issachar, Sebulon, Dan und Naftali,
Gad und Ascher.
Und eine Tochter: Dina.
Rahel bekommt zwei Söhne.
Zuerst den Josef
und viel später den Benjamin.
Nun hat Jakob eine große Familie.

Und nach vierzehn Jahren,
vierzehn Jahren ohne Lohn,
will Jakob nach Hause zurückkehren,
zu seinem Vater, zu seiner Mutter
und zu seinem Bruder.
Aber Laban bittet ihn:
„Bleibe bei mir!
Denn mir geht es so gut, seit du bei mir bist.
Ich spüre, dass Gott dich segnet
und auch mich, weil du bei mir bist.
Bleibe bei mir
und sage, welchen Lohn du haben möchtest!"

„Ich werde weiter deine Schafe hüten!", sagt Jakob.
„Aber gib mir alle gefleckten, bunten und schwarzen Schafe
und alle gefleckten und bunten Ziegen aus deiner Herde.
Sie sollen mir gehören.
Und auch später die Lämmchen,
die gefleckten, bunten und schwarzen."
Laban ist einverstanden.
„Gut!", sagt er. „So soll es sein."

Nun hat Jakob eine eigene Herde,
eine Herde mit gefleckten, bunten und schwarzen Schafen
und mit gefleckten und bunten Ziegen.

Es wird Frühling,
die Lämmchen werden geboren.
Viele gefleckte, viele bunte, schwarze Schafe und Ziegen.
Die gehören alle dem Jakob.
Laban ärgert sich.
„Wir machen es anders!", schlägt er vor.
„Mir sollen die gefleckten, die bunten
und die schwarzen Schafe gehören,
und auch die gefleckten und bunten Ziegen.
Du kannst die weißen haben."

Jakob möchte keinen Streit.
Er ist einverstanden.
Aber im nächsten Frühling
werden wieder viele Lämmchen geboren,
diesmal viel mehr weiße als bunte und gefleckte und schwarze.
Wieder ärgert sich Laban
und wieder schlägt er vor:
„Wir machen es noch einmal anders!
Behalte du die gefleckten, die bunten und die schwarzen Schafe,
die gefleckten und die bunten Ziegen.
Ich werde mir wieder die weißen nehmen."
So geht es immerfort.
Zehnmal ändert Laban Jakobs Lohn.
Aber Jakobs Herde wird groß und größer.
Sein Vertrauen in Laban wird kleiner und kleiner
und die Sehnsucht nach zu Hause wächst.

Nach vielen Jahren spricht Gott zu Jakob:
„Gehe zurück in dein Vaterland.
Ich will mit dir sein."

Jakob hat Angst vor Laban.
Laban wird ihn sicher nicht gehen lassen.
Deshalb macht er sich heimlich auf.
Er nimmt seine Frauen und seine Kinder,
seine Viehherden, seine Knechte und Mägde.
Er flieht weg von Haran, zurück in sein Vaterland.
Aber Laban merkt es.
Er jagt Jakob nach.
Er will ihn nach Haran zurückbringen.
Doch Gott spricht zu Laban im Traum:
„Lass Jakob gehen."
Da lässt Laban Jakob gehen.
Er verabschiedet sich.
Er umarmt seine Töchter und seine Enkelkinder.
Dann zieht er alleine nach Haran zurück.

Nach vielen Jahren spricht Gott zu Jakob:
„Gehe zurück in dein Vaterland.
Ich will mit dir sein!"
Da macht Jakob sich auf
und zieht weg von Haran,
zurück in sein Vaterland.

(Genesis 29, 30 und 31)

Jakob kommt nach Haran.
Onkel Laban freut sich.
„Bleib bei mir!", sagt er.

Jakob arbeitet bei Laban.
Laban will ihm bezahlen.

Aber Jakob will Rahel heiraten.
Rahel ist die Tochter von Laban.
Sieben Jahre will er dafür arbeiten.
Laban ist einverstanden.

Hirte

Nach sieben Jahren ist Hochzeit.
Aber, oh Schreck.
Jakob merkt es am nächsten Morgen:
Er hat Lea geheiratet,
Lea, die ältere Schwester von Rahel.
„Du hast mich betrogen, Laban!"
„Betrogen? Nein, nein!
Bei uns heiratet die Älteste zuerst.
Arbeite noch sieben Jahre bei mir,
sieben Jahre ohne Lohn.
Dann kannst du Rahel gleich heiraten."

Jakob heiratet auch Rahel.
Nun hat er zwei Frauen.
Rahel ist Jakobs Liebling.
Das kränkt Lea.
Lea hat zehn Söhne und eine Tochter.
Rahel bekommt nur zwei Söhne.
Das kränkt Rahel.

Nach vielen Jahren spricht Gott:
„Jakob, gehe zurück in dein Vaterland.
Ich will bei dir sein."
Und Jakob kehrt zurück.
Mit Lea und Rahel,
mit seinen Söhnen,
mit seiner Tochter Dina
und mit einer großen Herde.

JAKOB AUF DEM HEIMWEG

Jakob kommt in das Land, wo er früher gelebt hat.
Er schickt Boten zu seinem Bruder Esau:
„Dein Knecht Jakob lässt dir sagen:
Ich bin lange im fremden Land gewesen.
Ich habe Rinder und Esel, Schafe, Knechte und Mägde.
Ich bitte dich, mein Herr Esau, verzeihe mir!"

Die Boten kommen zurück.
Sie sagen:
„Wir sind bei Esau gewesen.
Wir haben ihm die Botschaft gesagt.
Er zieht dir mit 400 Männern entgegen."

Jakob hat große Angst.
Er teilt seine Familie und die Tiere in zwei Lager.
Er denkt:
„Wenn Esau ein Lager zerstört,
dann können die anderen noch fliehen!"
Dann betet er:
„Herr, errette mich!
Errette mich aus der Hand von Esau,
denn ich fürchte mich vor ihm.
Ich fürchte, dass er kommt
und uns alle vernichtet.
Mütter und Kinder."

Dann wählt Jakob Tiere aus:
200 Ziegen, 20 Böcke, 200 Schafe,
20 Widder, 30 Mutterkamele mit ihren Kleinen,
40 Kühe, 10 junge Stiere, 20 Eselinnen und 10 Esel.
All das sind Geschenke für seinen Bruder Esau.

Dann sucht Jakob einige Knechte aus.
Er schickt sie mit den Tieren
zu seinem Bruder Esau.
Zu einem sagt er:
„Wenn du Esau triffst,
und wenn der fragt:
‚Zu wem gehörst du?
Und wo willst du hin?
Und wem gehören alle diese Tiere?'
Dann sollst du sagen:
‚Sie gehören deinem Knecht Jakob,
und er schickt sie dir als Geschenk.
Er selbst kommt nach
und will sich mit dir versöhnen.'"

Dann wartet Jakob ab.
Es wird Nacht.

(Genesis 32, 1–22)

Rette mich Gott!

Rette mich Gott,
denn das Wasser reicht mir bis zum Hals!
Ich versinke im Schlamm,
meine Füße finden keinen Halt!
Ich treibe im tiefen Wasser,
die Strömung reißt mich fort!

Müde bin ich vom Schreien,
meine Stimme ist heiser.
Müde sind meine Augen,
vom Warten auf dich, Gott.

Du weißt, Gott:
Ich war unverständig,
dumm.
Aber enttäusche jetzt nicht die,
die auf dich hoffen.

Weil ich zu dir gehöre,
werde ich beschimpft.
Die dich hassen,
verspotten und verhöhnen mich.

Ich aber bete zu dir, Gott,
und wünsche mir: Höre mich!
Rette mich aus dem Schlamm:
Ziehe mich heraus!
Reiße mich aus dem Wasser heraus,
dass ich nicht versinke!

Erhöre meine Bitten, Gott!
Deine Güte ist mein Trost.
Wende dich zu mir
und sei mir barmherzig.
Erlöse mich bald!

Ihr alle, die ihr Gott sucht:
Lebt auf!
Neuer Mut soll eure Herzen füllen!
Gott hört auf die Rufe der Hilflosen,
er lässt die Seinen nicht im Stich!
Gott befreit und errettet,
er lässt es gut ausgehen.

(Psalm 69)

JAKOB RINGT MIT GOTT

In der Nacht steht Jakob auf.
Er kann nicht länger schlafen.
Seine Frauen und seine Kinder
hat er in Sicherheit gebracht.
Er ist alleine zurückgeblieben.

Plötzlich greift ihn ein Mann an.
Er kämpft mit Jakob,
bis die Morgenröte anbricht.
Jakob kann den Mann nicht besiegen.
Und der Mann kann Jakob nicht besiegen.
Jakobs Hüfte verrenkt sich.

Der Mann spricht:
„Lass mich gehen!
Die Morgenröte bricht an!"
Aber Jakob sagt:
„Ich lasse dich nicht gehen.
Zuerst musst du mich segnen!"

Der andere fragt ihn:
„Wie heißt du?"
„Ich heiße Jakob."
Da sagt er:
„Nicht Jakob sollst du mehr heißen.
‚Gotteskämpfer' soll dein Name sein. ‚Israel'.
Du hast mit Gott gekämpft
wie mit einem Menschen
und du hast gewonnen."

Jakob fragt:
„Sage mir, wie du heißt.
Wie ist dein Name?"

Der andere spricht:
„Was fragst du?
Warum willst du meinen Namen wissen?"
Und er segnet Jakob.

Jakob gibt dem Ort einen Namen:
„Penuël – Angesicht Gottes."
„Denn", so sagt Jakob,
„Ich habe Gott gesehen
von Angesicht zu Angesicht
und doch wurde mein Leben gerettet."

Die Sonne geht auf.
Ein neuer Tag beginnt.
Jakob geht fort.
Er hinkt an seiner Hüfte.

(Genesis 32, 23–33)

DIE BRÜDER VERSÖHNEN SICH

Dann schaut Jakob auf und er sieht Esau.
Esau kommt mit 400 Männern.
Jakob geht auf Esau zu.
Er verbeugt sich siebenmal vor Esau.
Aber Esau läuft ihm entgegen.
Er fällt ihm um den Hals.
Er umarmt ihn und küsst ihn.
Esau weint,
Jakob weint auch.

Esau sieht die Frauen und die Kinder.
Er fragt: „Wer sind die Frauen und Kinder bei dir?"
Jakob antwortet:
„Das sind meine Frauen und meine Kinder.
Gott hat sie mir gegeben."
Und alle verbeugen sich vor Esau,
Jakobs Frauen und seine Kinder.

Esau fragt Jakob:
„Was sind das für Tiere,
die du mir geschickt hast?"
„Sie sind für dich!", sagt Jakob.
„Ein Geschenk für dich!"
„Nein", sagt Esau.
„Ich habe genug, mein Bruder.
Behalte, was du hast."

Aber Jakob drängt Esau.
„Nimm mein Geschenk.
Es ist für mich ein Zeichen,
dass wir wieder gut sind.
Ich bitte dich darum!"

Da nimmt Esau die Tiere.
Und er spricht:
„Lasst uns aufbrechen.
Ich will mit dir kommen!"
Aber Jakob lehnt ab.
„Geh du voraus", sagt er.
„Ich komme nur langsam voran.
Meine Kinder sind zart
und meine Herde ist groß.
Ich komme nach."

„Wie du möchtest", sagt Esau.
„Aber ich lasse einige Leute hier,
die dir helfen."
„Das ist nicht nötig!", sagt Jakob.
„Ich schaffe es alleine.
Aber mir ist es wichtig,
ganz wichtig, dass wir wieder gut sind."

So zieht Esau weg.
Die beiden Brüder haben sich versöhnt.
Nun können sie in Frieden leben.

Und Jakob kommt nach Sichem.
Dort kauft er ein Stück Land.
Dort schlägt er seine Zelte auf.
Dort baut er einen Altar.
Einen Altar für Gott.
Und er ruft:
„Du bist mein Gott,
du, der Gott von Israel!"

(Genesis 33)

Jakob kommt in sein Vaterland.
Er schickt Boten zu seinem Bruder Esau:
„Ich bitte dich: Verzeihe mir!"
Esau gibt keine Antwort.
Er kommt selbst,
mit 400 starken Männern.
Jakob hat Angst.
Er schickt ihm ein großes Geschenk.

Seine Familie versteckt er.
Er bleibt allein zurück.
Es wird dunkel.
Morgen kommt Esau.

Da, es kämpft jemand mit ihm.
Ein starker Mann.
Die ganze Nacht kämpft Jakob.
Er kann den Mann nicht besiegen.
Es wird Tag.
„Lass mich los!", sagt der Mann.
„Nur wenn du mich segnest!", sagt Jakob.
„Ich segne dich", sagt der Mann,
„Du sollst einen neuen Namen haben:
Israel – Gotteskämpfer!"

Jakob bleibt allein zurück.
„Wer hat mit mir gekämpft?", denkt er.
„Das ist ein besonderer Ort."
Jakob hat keine Angst mehr.
Er holt seine Frauen und Kinder.

Da kommt Esau.
Er kommt mit vielen Männern.
Esau läuft zu Jakob hin:
„Mein Bruder!"

Esau umarmt Jakob.
Er hat Jakob verziehen.

Nun kann Jakob zurückkehren.
Er kauft ein Stück Land.
Dort baut er seine Zelte auf.
Dort baut er einen Altar für Gott.
„Gott, mein Gott!
Ich danke dir!
Du bist mein Gott!"

JOSEF UND SEINE BRÜDER

Jakob ist alt geworden.
Zwölf Söhne hat er und eine Tochter.
Aber Josef, den elften Sohn, liebt er am meisten.
Und er zeigt es auch:
Einen bunten Ärmelrock lässt er für ihn machen.
Nur für ihn.
Seine Brüder sehen das.
Und sie beginnen Josef zu hassen.
Sie bringen es nicht mehr über sich,
ein freundliches Wort mit ihm zu reden.

Einmal hat Josef einen Traum.
Aufgeregt erzählt er ihn seinen Brüdern:
„Hört einmal, was ich geträumt habe!
Wir waren draußen auf dem Feld.
Wir schnitten das Getreide
und banden es in Bündel zusammen.
Meines stand auf einmal ganz gerade.
Eure Garben stellten sich im Kreis um sie herum
und verneigten sich vor meiner Garbe!"

Die Brüder ärgern sich über Josef:
„Willst du über uns herrschen?
Willst du etwa unser König sein?"
Und ihr Hass auf Josef wird größer.

Ein zweites Mal träumt Josef.
Auch diesen Traum erzählt er seinen Brüdern:
„Ich habe noch einen Traum gehabt!
Ich sah die Sonne, den Mond und elf Sterne.
Sie alle verneigten sich vor mir!"

Da schimpft sogar Jakob mit Josef:
„Was ist das nur für ein Traum!
Sollen wir alle kommen und vor dir niederfallen?"
Doch die Träume stimmen Jakob nachdenklich.
Der Hass der Brüder wächst aber noch mehr.

Einige Zeit später ziehen die Brüder fort.
Bei Sichem wollen sie das Vieh ihres Vaters weiden.
Josef bleibt beim Vater zu Hause.
Jakob ruft Josef zu sich:
„Geh und schau nach deinen Brüdern,
schau, ob es ihnen und den Tieren gut geht,
und bring mir dann Nachricht."

Josef geht und sucht seine Brüder.
Die Brüder sehen ihn von ferne kommen.
Ihr Hass flammt auf:
„Seht, da kommt der Meisterträumer.
Los, wir wollen ihn töten,
und wir sagen einfach:
Ein wildes Tier hat ihn gefressen.
Dann werden wir ja sehen,
was aus seinen Träumen wird!"
Ruben, der Älteste, will Josef retten.
„Vergießt kein Blut!", sagt er.
„Werft ihn in diese Zisterne hier,
aber tötet ihn nicht!"

Josef kommt zu seinen Brüdern.
Sie packen ihn.
Sie ziehen ihm seinen bunten Ärmelrock aus
und werfen ihn in die Zisterne.
Der Brunnen ist aber leer.
Es ist kein Wasser darin.

Dann setzen sich die Brüder
und richten sich ihr Essen.

Eine Karawane kommt vorbei:
Kaufleute – auf dem Weg nach Ägypten.
Die Brüder holen Josef aus der Zisterne heraus
und verkaufen ihn für zwanzig Silberstücke.
Ruben ist nicht da gewesen.
Er kommt zurück
und sieht Josef nicht mehr.
„Wo ist der Bub?", fragt er entsetzt.
„Was habt ihr mit ihm gemacht?
Was soll ich nun dem Vater sagen?"

Die Brüder nehmen die bunte Jacke.
Sie schlachten einen Ziegenbock
und tauchen die Jacke in das Blut.
Dann bringen sie den Rock dem Vater:
„Vater, schau, was wir gefunden haben.
Ist das nicht der Rock deines Sohnes?"
Jakob schaut die Jacke an:
„Es ist der Rock meines Sohnes!", ruft er.
„Ein wildes Tier hat ihn gefressen.
Zerrissen, zerrissen ist Josef!"
Und Jakob zerreißt seine Kleider.
Er legt einen Sack um seine Hüften
und er trauert.
Lange Zeit, ohne Trost zu finden.

(Genesis 37)

Jakob hat zwölf Söhne und eine Tochter.
Aber Josef ist sein Liebling.
Er schenkt ihm einen bunten Rock.
Nur ihm.

Josef träumt Träume:
Von Garben,
von Sonne, Mond und Sternen.
Alle verneigen sich vor ihm.
Josef erzählt die Träume.
Seine Brüder ärgern sich.
„Willst du unser König sein?"
Sie hassen ihn.
Den Träumer.
Den Liebling.

Einige Zeit später.
Die Brüder weiden die Schafe,
weit weg von zu Hause.
Josef besucht sie.
Die Brüder packen ihn.
Sie ziehen ihm den bunten Rock aus.
Sie werfen ihn in eine Grube.
Dann verkaufen sie ihn.
Nun sind sie Josef los.
Aber – was sollen sie nun dem Vater sagen?
Die Brüder schlachten ein Tier.

Sie tauchen Josefs Jacke in das Blut.
Sie zeigen Jakob den Rock.
„Vater, das haben wir gefunden!"
Jakob weint.
„Das ist Josefs Rock.
Ein wildes Tier hat ihn gefressen.
Josef ist tot!"
Jakob ist sehr traurig.

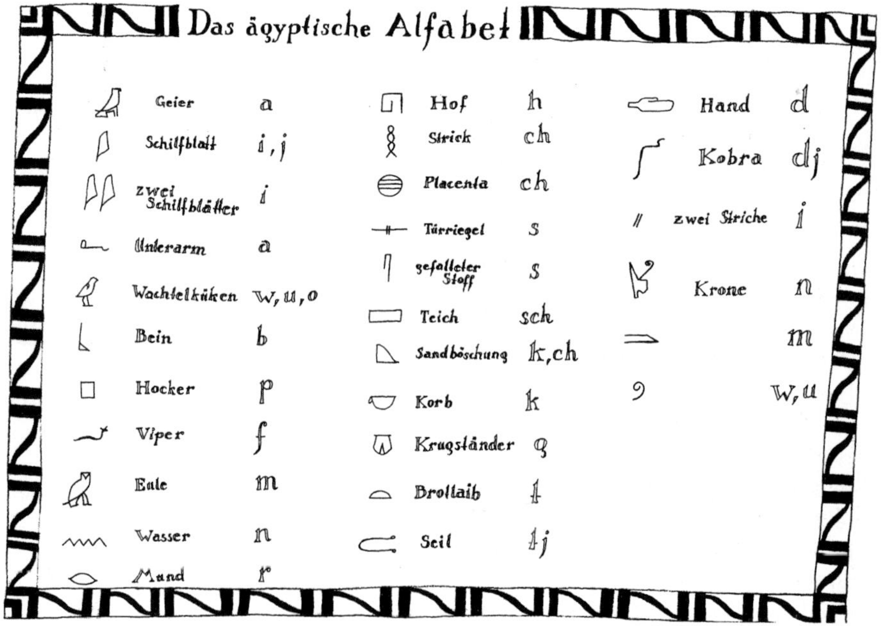

JOSEF BEI POTIFAR

Josef wird von der Karawane nach Ägypten gebracht.
Dort verkaufen ihn die Kaufleute an Potifar.
Der ist ein hoher Beamter des Pharao,
des Königs von Ägypten.
Josef wird Sklave in seinem Haus.
Aber Gott ist mit ihm,
wie er mit Abraham, Isaak und Jakob gewesen ist.

Potifar spürt, dass Gott Josef beisteht.
Er vertraut ihm seinen Haushalt an,
ja, sogar die Verwaltung seines ganzen Besitzes.

Aber Josef ist ein schöner junger Mann.
Das sieht auch Potifars Frau.
Sie befiehlt ihm:
„Lege dich zu mir! Liebe mich!"
Josef weigert sich:
„Alles hat mein Herr mir anvertraut,
seinen ganzen Besitz.
Wie könnte ich so sein Vertrauen zerstören?"
Einmal packt Potifars Frau Josef am Gewand.
„Lege dich jetzt zu mir!", sagt sie wieder.
Doch Josef reißt sich los und läuft hinaus.
Sein Gewand aber behält Potifars Frau in ihrer Hand.
Dann ruft sie ihre Diener herbei:
„Schaut her, was der Josef für einer ist.
Er wollte sich zu mir legen!
Da habe ich laut geschrieen!
Hals über Kopf ist er da weggerannt!
Sein Gewand hat er sogar bei mir liegen lassen.
Aber das hat man nun davon,
wenn man einen Ausländer ins Haus bringt!"

Potifar kommt nach Hause.
Ihm erzählt sie die gleiche Geschichte.
Potifar ist wutentbrannt.
Er lässt Josef ins Gefängnis werfen.
Josef kann sich gar nicht verteidigen.

Aber Gott lässt Josef nicht im Stich.
Auch der Gefängnisaufseher spürt:
Gott ist mit Josef.
Er vertraut ihm nach und nach alle Gefangenen an.

(Genesis 39)

Weinbau

Aber Josef ist nicht tot.
Die Kaufleute verkaufen ihn an Potifar,
einen reichen Mann in Ägypten.
Nun arbeitet Josef bei Potifar.
Gott hilft Josef.
Es geht Potifar gut mit Josef.
Josef ist ein schöner Mann.
Das sieht Potifars Frau.
Sie will ihn haben.

Einmal sind sie alleine zu Hause.
Die Frau packt Josef am Gewand.
Josef reißt sich los.
Da schreit die Frau:
„Hilfe! Josef wollte mir Böses tun!"

Sie erzählt es Potifar.
Potifar ist wütend.
„Ins Gefängnis mit Josef!"

Nun ist Josef im Gefängnis.
Er ist ganz allein.
Aber Gott hilft Josef.
Der Wärter im Gefängnis hat viel zu tun.
„Willst du mir helfen, Josef?"
Das macht Josef gerne.
Es geht dem Wärter gut mit Josef.

JOSEF IM GEFÄNGNIS

Zwei neue Gefangene werden eingeliefert:
Der Bäcker und der Mundschenk des Pharao.
Josef wird ihnen als Diener zugeteilt.
Einmal kommt Josef morgens zu ihnen herein.
Er sieht, dass beide schlecht gelaunt sind.
Beide haben einen eigenartigen Traum gehabt.
Im Gefängnis gibt es keine Traumdeuter.
Josef fragt:
„Sind Traumdeutungen nicht Gottes Sache?
Aber erzählt mir doch, was ihr geträumt habt."

Der Mundschenk fängt an:
„Ich träumte von einem Weinstock.
An ihm waren drei Reben.
Der Weinstock trieb, grünte und blühte
und hatte bald reife Beeren.
Ich hielt den Becher des Pharao in der Hand,
presste den Saft in den Becher
und reichte ihn dem Pharao."
„Hier ist die Deutung des Traums", erklärt Josef.
„Die drei Reben bedeuten drei Tage.
In drei Tagen wird der Pharao dich holen.
Du wirst wieder sein Mundschenk sein.
Aber denke an mich, wenn es dir wieder gut geht.
Lege ein gutes Wort beim Pharao für mich ein.
Denn ich sitze unschuldig in diesem Loch!"

Dann erzählt auch der Bäcker seinen Traum:
„Ich trug drei Körbe auf dem Kopf
mit köstlichem Gebäck für den Pharao.
Aber Vögel kamen und fraßen alles auf."

„Hier ist die Deutung des Traums“, sagt Josef.
„Die drei Körbe bedeuten drei Tage.
In drei Tagen wird der Pharao dich holen.
Er wird dich an einen Galgen hängen lassen.“

Nach drei Tagen feiert der Pharao Geburtstag.
Er lädt viele Gäste ein.
Da lässt er den Munschenk und den Bäcker holen.
Den Mundschenk setzt er wieder in sein Amt ein;
doch den Bäcker lässt er hängen,
wie Josef es ihnen vorhergesagt hat.

Aber der Mundschenk denkt nicht mehr an Josef.
Er vergisst ihn.
Zwei Jahre verstreichen
und Josef sitzt immer noch im Gefängnis.

(Genesis 40)

Zwei neue Gefangene kommen:
Ein Bäcker und ein Mundschenk.
Sie sind Diener des Königs.

Einmal haben sie Träume.
Sie wissen nicht, was sie bedeuten.
„Erzählt sie mir“, sagt Josef.

Der Mundschenk erzählt seinen Traum:
Von einem Weinstock
mit drei Reben und dicken Trauben.
Der Bäcker erzählt seinen Traum:
Von Körben mit Brot
und von Vögeln, die alles auffressen.

Josef erklärt ihnen die Träume.
Er sagt zum Mundschenk:
„In drei Tagen wirst du frei sein!“
Er sagt zum Bäcker:
„In drei Tagen wirst du getötet!“

Und so geschieht es.

Landwirtschaft: Saat und Ernte

JOSEFS AUFSTIEG

Es ist Nacht und der Pharao träumt:
Im Traum steht er am Nil.
Er sieht sieben Kühe, die aus dem Wasser steigen.
Schöne Kühe, dick und fett.
Dann sieht er noch einmal sieben Kühe.
Hässliche Kühe, mager und knochig.
Sie fallen über die dicken Kühe her
und fressen sie auf.
Nur: Sie bleiben so mager wie vorher.

Der Pharao wacht auf,
aber bald schläft er wieder ein.
Und er träumt noch einmal:
Er sieht sieben Getreideähren.
Schöne Ähren, dick und voll.
Dann sieht er noch einmal sieben Ähren,
dürre Ähren, vom Wind ausgetrocknet.
Sie umschlingen die dicken, vollen Ähren
und erdrücken sie.

Der Pharao ist nun ganz wach.
Er weiß: Es war nur ein Traum.
Trotzdem ist er beunruhigt.
Am Morgen ruft er seine Traumdeuter.
„Was bedeuten diese Träume?"
Aber keiner kann sie ihm deuten.

Da tritt der Mundschenk vor.
Ihm ist Josef wieder eingefallen.
„Mein König, ich weiß jemand,
der dir die Träume deuten kann.
Damals im Gefängnis war es,
ein junger Fremder konnte Träume deuten!"

„Bringt ihn her!", befiehlt der Pharao.
Und so wird Josef aus dem Kerker geholt.
„Ich habe einen Traum gehabt!", sagt der Pharao.
„Und niemand kann ihn deuten.
Man hat mir gesagt,
du brauchst einen Traum nur zu hören
und kannst ihn auf der Stelle deuten!"

„Nicht ich!", sagt Josef.
„Die Antwort kommt von Gott
und sie wird dir bestimmt helfen."

Der Pharao erzählt Josef seine Träume.
Ausführlich, in allen Einzelheiten.

Josef erklärt:
„Beide Träume bedeuten das gleiche.
Sieben dicke Kühe und sieben volle Ähren:
Das sind sieben Jahre der Fülle.
Jahre mit einer reichen Ernte.
Sieben magere Kühe und sieben dürre Ähren:
Das sind sieben Hungerjahre
nach den sieben Jahren der Fülle.
Es werden harte Jahre sein.
Zweimal hast du den Traum geträumt.
Es wird geschehen, heißt das.
Und zwar bald.

Höre nun auf meinen Rat, Pharao.
Suche einen klugen und weisen Mann.
Setze ihn über das Land Ägypten.

Er soll Getreidespeicher bauen lassen.
Dann soll er einen Teil der Ernte sammeln
in den Jahren der Fülle.
So wird ein Vorrat da sein für die Hungerjahre
und dein Land geht nicht zu Grunde."

Der Vorschlag gefällt dem Pharao und seinen Ratgebern.
Und der Pharao fragt sie:
„Wo finden wir einen besseren Mann als diesen hier?"
Dann wendet er sich an Josef.
„Gott hat dir das alles gezeigt.
Daran erkenne ich es:
Keiner ist so klug und weise wie du.
Darum sollst du dieser Mann sein.
Ich ernenne dich zu meinem Stellvertreter,
zum zweitmächtigsten Mann in Ägypten."

Der Pharao zieht einen Siegelring vom Finger
und steckt ihn Josef an.
Er lässt ihn in kostbare Gewänder kleiden
und legt ihm eine goldene Kette um den Hals.
In seinem Wagen schickt er ihn durch das Land.
Läufer bahnen ihm den Weg
und sie rufen den Leuten zu:
„Auf die Kniee!"
So wird Josef der zweite Mann in Ägypten.
Dreißig Jahre ist er alt.
Er heiratet eine vornehme Frau.
Sie haben zwei Söhne: Manasse und Efraim.

Und es geschieht, wie Josef es vorausgesagt hat:
Sieben reiche Jahre brechen an.
Getreide wird in Hülle und Fülle geerntet.
Josef lässt das Getreide speichern.

Dann brechen die sieben Hungerjahre an.
Keine Ernte, kein Getreide.
Das Volk hungert und ruft nach Brot.
„Wendet euch an Josef!", sagt der Pharao.
Josef lässt die Speicher öffnen
und teilt das Getreide aus.
Leute aus aller Welt kommen nach Ägypten,
um Getreide zu kaufen,
denn überall herrscht Hungersnot!

(Genesis 41)

Einmal träumt der König:
Von sieben fetten Kühen träumt er.
Und von sieben mageren Kühen.
Von sieben dicken Ähren träumt er.
Und von sieben dünnen Ähren.
Was bedeutet das?
Keiner weiß es.

Da sagt der Mundschenk:
„Josef weiß das bestimmt!"
Josef kommt.
Er weiß, was die Träume bedeuten:
Sieben gute Jahre werden kommen.
Dann kommen sieben schlechte Jahre.

Josef gibt dem König einen Rat.
Er soll Scheunen bauen.

Er soll Getreide sammeln
in den sieben guten Jahren.

Der König freut sich.
Er weiß nun, was er tun muss:
Josef soll das machen!

So wird Josef ein wichtiger Mann.
Und wie er es gesagt hat,
geschieht es.

DIE ERSTE REISE DER BRÜDER

Hungersnot herrscht auch in Kanaan,
bei Jakob und seiner Familie.
Da schickt Jakob seine Söhne nach Ägypten.
Sie sollen dort Getreide kaufen.
Aber Benjamin – den jüngsten – lässt er zu Hause.
Ihm könnte ja etwas passieren!

Josef verkauft das Getreide in Ägypten.
Seine Brüder werden zu ihm gebracht
und sie verbeugen sich tief vor ihm.
Josef erkennt sie sofort.
Erinnerung blitzt in ihm auf:
Die Träume, die Zisterne,
als wäre es gestern gewesen.
Doch die Brüder erkennen ihn nicht,
und Josef gibt sich auch nicht zu erkennen.

Er tut sogar, als ob er ihre Sprache nicht spricht.
Ein anderer muss übersetzen.

„Woher kommt ihr?", fragt er streng.
„Aus dem Land Kanaan, um Getreide zu kaufen."
„Ich glaube euch nicht!", sagt Josef.
„Ihr seid Spione!"
„Nein, Herr!", rufen die Brüder entsetzt.
„Wir sind ehrliche Leute,
alle Söhne von einem Vater.
Nur der jüngste ist noch zu Hause
und einer lebt nicht mehr."
„Bestimmt seid ihr Spione", sagt Josef.
Und er sperrt seine Brüder ein,
drei Tage lang.
Dann lässt er sie holen.
„Ich werde prüfen, ob ihr Spione seid oder nicht.
Ihr sollt mir den jüngsten Bruder bringen,
als Beweis für eure Ehrlichkeit.
Nehmt Getreide mit für eure Familie.
Aber einer von euch bleibt hier,
bis ihr mit dem Bruder zurückkommt."

Die Brüder sind verzweifelt.
„Das haben wir nun davon", sagen sie.
„Das ist unsere Strafe.
Damals flehte Josef uns an,
und wir haben nicht darauf gehört!"
„Ich habe es euch ja gesagt!", ruft Ruben.
„Aber ihr wolltet nicht auf mich hören!"

Josef versteht, was sie sagen.
Tränen schießen ihm in die Augen.
Er wendet sich kurz ab.

Doch dann lässt er Simeon fesseln und abführen.
Die anderen Brüder können gehen.
Ihre Säcke werden mit Getreide gefüllt.

Die Brüder kommen nach Kanaan zurück.
Sie erzählen Jakob alles, was passiert ist.
Jakob ist verzweifelt:
„Ihr macht mich kinderlos!
Josef, Simeon, und nun auch noch Benjamin!"
Aber Ruben sagt:
„Vertraue ihn mir an.
Ich verspreche dir beim Leben meiner eigenen Söhne:
Ich bringe Benjamin zurück."
Doch Jakob bringt es nicht über's Herz.
„Ich kann es nicht!", sagt er.
„Wenn Benjamin etwas zustößt,
dann würde ich vor Kummer sterben."

So bleiben die Brüder zu Hause
und Simeon bleibt in Ägypten.
Die Zeit verstreicht.

(Genesis 42)

DIE ZWEITE REISE DER BRÜDER

Die Hungersnot liegt schwer auf dem Land.
Das Getreide ist verzehrt.
Jakob ruft seine Söhne.
„Zieht noch einmal nach Ägypten
und kauft Getreide ein!"

Da sagt Juda:
„Nicht ohne Benjamin!
Der Mann hat uns ausdrücklich gesagt:
'Bringt euren Bruder mit!'
Vater, ich bürge für Benjamin.
Ich verspreche dir hoch und heilig:
Ich bringe ihn dir wieder zurück!"

Jakob hat keine andere Wahl.
„Wenn es unbedingt sein muss", sagt er.
„Nehmt aber Geschenke mit,
die besten Sachen, die wir haben:
Balsam, Honig, Pistazien, Mandeln, kostbare Harze;
Gott gebe, dass der Mann Erbarmen mit euch hat
und Simeon mit euch ziehen lässt,
zusammen mit Benjamin.
Aber ich, ich habe jetzt keine Kinder mehr!"
Die Brüder kommen nach Ägypten.
Josef sieht sie kommen.
„Führt die Männer in mein Haus!", befiehlt er.
„Ich will mit ihnen zu Mittag essen."

Der Hausverwalter gibt ihnen Wasser für die Füße
und Futter für die Esel.
Dann bringt er Simeon zu ihnen herein.

Zu Mittag kommt dann Josef zum Essen.
Tief verneigen sich seine Brüder
und überreichen ihm die Geschenke.

Josef begrüßt sie freundlich:
„Geht es eurem alten Vater gut?
Lebt er noch?"
„Es geht ihm gut. Er ist am Leben",
antworten die Brüder.

Dann sieht Josef Benjamin.
„Und das ist euer jüngster Bruder?
Gott sei dir gnädig, mein Sohn!"
Tränen überwältigen ihn
und er muss sich kurz abwenden.

Dann gebietet er:
„Tragt das Essen auf!"
Die Brüder bekommen einen Platz,
jeder nach seinem Alter.
Sie staunen.
Die Speisen werden serviert.
Benjamin ist der Ehrengast:
Er bekommt fünfmal so viel wie die anderen.
Alle essen, trinken und sind fröhlich.

(Genesis 43)

Jakobs Familie hat Hunger.
Seine Söhne müssen Getreide kaufen.
Sie gehen nach Ägypten.
Die Brüder kommen zu Josef.
Sie erkennen ihn nicht.
Josef erkennt die Brüder gleich.
Aber er zeigt es nicht.
Er stellt sie auf die Probe.
„Ihr seid Feinde!", ruft er.
Josef wirft seine Brüder ins Gefängnis.
Nach drei Tagen holt er sie.
Sie dürfen nach Hause gehen.
Aber sie müssen Benjamin holen.

Zu Hause sagt Jakob:
„Benjamin lasse ich nicht gehen!
Wenn ihm etwas passiert,
dann sterbe ich vor Kummer!"
Aber die Brüder versprechen:
„Wir schauen ganz gut auf ihn!"
Da ist Jakob einverstanden.

Die Brüder kommen wieder nach Ägypten.
Mit Benjamin.
Josef grüßt seine Brüder freundlich:
„Wie geht es eurem Vater?
Und du bist Benjamin?"
Keiner erkennt Josef.
Sie essen und trinken zusammen.
Alle sind fröhlich.

DER BECHER

Am nächsten Morgen – es wird gerade hell –
verlassen die Brüder die Stadt.
Erleichtert; die Säcke voll mit Getreide.
Sie ahnen nicht, was Josef getan hat.
Seinem Hausverwalter hat er befohlen:
„Nimm meinen silbernen Trinkbecher
und lege ihn in den Sack des Jüngsten."

Kaum sind die Brüder weg,
lässt Josef ihnen nachjagen.
Der Hausverwalter stellt sie zur Rede!
„Warum habt ihr Gutes mit Bösem vergolten?
Warum habt ihr den silbernen Becher gestohlen?
Den Lieblingsbecher unseres Herrn?"

Die Brüder sind empört:
„Wie kannst du so etwas sagen.
Durchsucht uns doch.
Wenn ihr den Becher bei uns findet,
dann wollen wir eure Sklaven sein."
Die Brüder öffnen ihre Säcke.
Der Hausverwalter durchsucht sie.
Er fängt beim ältesten an
und hört beim jüngsten auf.
Er findet den silbernen Becher in Benjamins Sack.
Die Brüder sind sprachlos.
Verzweifelt zerreißen sie ihre Kleider.
Dann kehren sie um nach Ägypten.

„Was habt ihr euch dabei gedacht?",
fragt Josef streng.
„Ihr könnt alle heimgehen,
der jüngste aber bleibt hier.
Der soll mein Sklave sein!"

Juda macht einen Schritt vor.
„Lass mich hier als Sklave bleiben,
aber schickt den Buben nach Kanaan zurück.
Unser Vater liebt ihn vom ganzen Herzen.
Er würde sonst vor Kummer sterben!"

(Genesis 44)

JOSEF GIBT SICH ZU ERKENNEN

Da kann Josef sich nicht länger beherrschen.
„Alle Diener hinaus!", ruft er.
Dann gibt er sich zu erkennen:
„Ich bin Josef. Lebt mein Vater noch?"
Den Brüdern verschlägt es die Sprache.
Sie sind zu Tode erschrocken.
„Ich bin es: Josef, euer Bruder,
den ihr nach Ägypten verkauft habt.
Macht euch keine Vorwürfe.
Nicht ihr habt mich hierher gebracht,
Gott war es.
Ich bin hier Gebieter geworden,
um euch alle zu retten.
Geht nun schnell zum Vater.
Sagt ihm: ‚Josef lebt.'
Du sollst kommen
mit deinem ganzen Hab und Gut
und hier wohnen."

Dann fällt Josef Benjamin um den Hals.
Er umarmt seine Brüder und weint.
Die Nachricht verbreitet sich durch den Palast:
„Die Brüder von Josef sind gekommen!"
Der Pharao und seine Diener freuen sich mit Josef.
Der Pharao sagt:
„Holt euren Vater und eure Familien
und kommt zu mir nach Ägypten.
Ich will euch das Beste vom Land geben.
Nehmt Wagen von hier mit,
für euren Vater, eure Frauen, eure Kinder."

So ziehen die Brüder nach Kanaan zurück,
mit Wagen, Getreide, Brot und Nahrung,
mit Festkleidern und Silberstücken.

Zu Hause erzählen die Brüder.
Aber Jakob kann es zuerst nicht glauben.
Zu groß ist die Neuigkeit.
Erst, als er die Wagen sieht,
kommt wieder Leben in Jakob.
„Mein Sohn Josef ist noch am Leben!
Ich will nach Ägypten ziehen.
Ich will ihn sehen, bevor ich sterbe."

So zieht Jakob nach Ägypten,
mit seiner ganzen Familie,
mit seinem ganzen Hab und Gut.

Josef fährt seinem Vater entgegen.
Jakob sieht Josef
und Josef sieht Jakob.
Sie fallen sich um den Hals
und weinen beide vor Freude.

Dann sagt Jakob:
„Nun kann ich ruhig sterben.
Ich habe dich wiedergesehen!"
So leben Jakob und seine Söhne in Ägypten.
im fruchtbaren Land Gosen.
Josef versorgt sie mit allem,
was sie zum Leben brauchen.
Siebzehn Jahre lebt Jakob noch.
Dann stirbt er. Alt und glücklich.

Josefs Brüder bekommen es wieder mit der Angst zu tun.
Der Vater ist nicht mehr am Leben.
Jetzt wird Josef sich bestimmt rächen.
Aber Josef ruft sie zu sich:
„Habt keine Angst.
Ihr hattet Böses mit mir vor,
aber Gott hat es zum Guten gewendet.
Ich werde für euch und für eure Kinder sorgen."

(Genesis 45 – 50)

Es ist früh am Morgen.
Die Brüder machen sich auf den Weg.
Sie gehen nach Hause.
Alle zusammen.
Aber in Benjamins Sack liegt ein Becher.
Josef hat ihn hineingetan.
Aber keiner weiß das!

Josef ruft seine Soldaten:
„Jagt ihnen nach!"

Die Säcke werden durchsucht.
O Schreck!
Der Becher ist in Benjamins Sack.
„Ihr könnt alle heimgehen!",
sagt Josef.
„Nur Benjamin muss hier bleiben.
Als mein Sklave."
„Lass Benjamin gehen!",
sagt Juda.
„Vater liebt ihn so sehr!
Ich bleibe für ihn da!"

Da hält Josef es nicht mehr aus!
„Ich bin es, Josef!
Erkennt ihr mich nicht?
Habt keine Angst.
Ich bin euch nicht böse!
Holt den Vater.
Kommt alle zu mir.
Ich will für euch sorgen!"

So zieht Jakob nach Ägypten.
Seine ganze Familie kommt mit.
Alles wird eingepackt.
Josef sieht Jakob.
Jakob sieht Josef.
Sie fallen einander um den Hals.
Sie weinen vor Freude.
„Nun bin ich wieder glücklich!",
sagt Jakob.
So sind sie alle wieder zusammen.
„Vieles ist nicht gut gewesen!
Aber Gott hat es gut gemacht!",
sagt Josef.

Alles hat seine Zeit

Alles, was auf der Erde geschieht,
hat seine von Gott bestimmte Zeit:

einpflanzen und ausreißen,
zerstören und aufbauen,
weinen und lachen,
still sitzen und tanzen,
Steine werfen und Steine sammeln,
umarmen und aus der Umarmung lösen,
finden und verlieren,
aufbewahren und wegwerfen,
zerreißen und zusammennähen,
schweigen und reden,
kämpfen und Frieden schließen.

Aber alles, was Gott tut, besteht für immer.
Da können wir Menschen nichts wegnehmen oder dazutun.

(Prediger 3)

DIE HEBRÄER IN ÄGYPTEN

Viele Jahre sind vergangen.
Ein neuer König herrscht in Ägypten.
Er kennt Josef und die Seinen nicht mehr.
Ein großes Volk ist aus Josefs Familie entstanden:
die Hebräer – Fremdarbeiter, so nennt man sie.

Der Pharao hat Angst vor ihnen.
Sie sind ihm zuviel.
Sie sind ihm zu stark.
Er setzt sie unter Druck.
Er zwingt ihnen harte Arbeit auf:
Ziegel brennen, Steine schleppen,
Städte für den König bauen, schwerste Feldarbeit:
Sklavendasein.
Unbarmherzige Aufseher quälen und misshandeln sie.
Das Leben wird für die Hebräer zur Hölle.

Nicht genug damit.
Der Pharao befiehlt:
„Wenn eine Frau aus diesem Volk einen Sohn zur Welt bringt,
soll er sofort getötet werden!"
So brutal und grausam wird gegen die Hebräer vorgegangen.

In ihrer Not schreien sie zu Gott, zu dem Gott ihrer Vorfahren,
zum Gott Abrahams, Isaaks und Jakobs:
„Du, Gott, hilf uns,
befreie uns!"

(Exodus 1)

Ein großes Volk wird aus Josefs Familie.
Hebräer: Fremde, so heißen sie.
Der neue König kennt Josef nicht mehr.
Er hat Angst vor den Hebräern.
Er behandelt sie schlecht:
harte Arbeit, grausame Aufseher,
viele Schläge.
Sogar die neugeborenen Buben werden getötet!

Die Hebräer schreien.
Sie schreien und beten zu ihrem Gott:
„Du, Gott, hilf uns,
befreie uns!"

Wie lange noch, Gott?

Du, Gott aller Welt,
wie lange bist du noch zornig?
Tränenbrot gibst du uns zu essen,
und Tränen zu trinken.

Die Nachbarn streiten,
wer uns in Besitz nehmen kann!
Feinde haben nur Spott für uns!
Und du lässt es geschehen!

Gott aller Welt!
Führ uns heim.
Lass dein Angesicht leuchten,
und wir sind befreit!

(Psalm 80, 5–8)

Vom Brotbacken

EIN BUB NAMENS MOSE

Schifra und Pua sind Geburtshelferinnen der Hebräer.
Sie gehorchen Gott und nicht dem Pharao.
Sie lassen alle Kinder, auch die Söhne, am Leben.
So werden die Hebräer noch mehr.
Die Ägypter aber werden strenger und gewalttätiger.
Es wird sehr gefährlich für die Hebräer.
Eine hebräische Frau hat einen kleinen Sohn.
Aber er kann nicht bei ihr bleiben.
Was ist, wenn die Ägypter ihn finden?
Er muss versteckt werden.
Die Mutter legt ihn in ein Körbchen, aus Schilf geflochten.
Sie dichtet es mit Pech ab.
Dann ruft sie ihre Tochter Mirjam:
„Versteck den Buben am Flussufer!"
Mirjam tut es. Sie bleibt in der Nähe.

Mirjam sieht:
Die Tochter des Pharao kommt zum Fluss.
Sie badet.
Sie sieht das schwimmende Körbchen.
Sie schickt die Dienerinnen. Die holen das Körbchen.
Sie finden den weinenden Säugling.
Die Königstochter nimmt das Kind zu sich.
Es hat Hunger.
Was soll die Königstochter tun?
Mirjam kommt aus ihrem Versteck.
Sie sagt:
„Ich kenne eine Frau, die das Kind stillen kann."
Und sie holt ihre Mutter.
Die Königstochter befiehlt:
„Nimm das Kind und zieh es für mich auf.

Ich bezahle dich dafür.
Wenn es dann groß ist, bring es zu mir an den Königshof!"
So wächst das Kind bei seiner Mutter auf.
Mirjam hat das gut gemacht!

Als der Sohn groß ist, bringt die Mutter ihn zur Königstochter.
Diese nimmt ihn auf als ihren eigenen Sohn.
Sie sagt:
„Ich habe dich aus dem Wasser gezogen,
deshalb sollst du 'Mose' heißen!"
So wird Mose am Königshof erzogen.

(Exodus 2, 1–10)

Ein Bub, ganz klein, wird versteckt.
In ein Körbchen aus Schilf wird er gelegt.
Seine Schwester Mirjam bringt ihn ans Flussufer.
Das Körbchen schaukelt auf dem Wasser.
Die Tochter des Königs findet den Kleinen.
Sie nimmt ihn auf.
Sie gibt ihm einen Namen: Mose.
Das heißt:
„Ich habe dich aus dem Wasser gezogen".
Mose wächst am Hof des Königs auf.

GOTT HÖRT SEIN VOLK

Mose ist groß geworden.
Er sieht, wie sein Volk gequält wird.
Einmal sieht er: Ein Aufseher schlägt einen Hebräer zusammen.
Niemand ist in der Nähe.
Mose erschlägt den Aufseher.
Er vergräbt ihn im Sand.
Doch der Mord wird bekannt.
Mose muss fliehen.
Er geht weit weg, bis nach Midian.
Dort bleibt er.
Er arbeitet als Schafhirte.

Einmal treibt Mose die Herde weit hinter die Wüste.
Sie kommen zum Gottesberg.
Und Mose sieht:
Ein Dornbusch brennt. Doch er verbrennt nicht.
Warum?
Mose geht zum Busch.
Da!
Eine Stimme aus dem Busch heraus: „Mose, Mose!"
Er sagt: „Hier bin ich", und er hört: „Komm nicht näher, Mose.
Zieh deine Schuhe aus, denn dieser Boden ist heilig.
Hier bin ich: der Gott deiner Väter
Abraham, Isaak und Jakob.
Der Gott Israels!"
Jetzt verdeckt Mose sein Gesicht.
Er fürchtet sich zu Gott zu blicken.
Gott spricht weiter:
„Ich habe gesehen, wie mein Volk gequält wird.
Gehört habe ich, wie sie schreien.
Ich kenne ihr Leid.

Ich bringe sie aus diesem Land zu einem guten Land.
Und du, Mose, sollst sie führen.
Geh zum Pharao. Ich schicke dich."

„Ich?", ruft Mose, „wer bin ich denn?
Wie kann ich zum König gehen und das Volk führen?"
Gott spricht: „Ich selbst werde mit dir sein. Sei ohne Furcht."
Mose spricht weiter: „In Ägypten werden sie mich fragen:
Wie heißt denn dieser Gott? Wie ist sein Name?
Was soll ich dann sagen?"
Gott antwortet:
„Ich werde für euch da sein.
ICH-BIN-DA, so ist mein Name.
JAHWE, so heiße ich.
So sollst du sagen:
ICH-BIN-DA schickt mich zu euch.
ICH-BIN-DA bringt euch heraus.
JAHWE ist euer Gott."

Mose kehrt aus der Wüste nach Ägypten zurück.
Ein Mann kommt ihm entgegen:
Aaron, sein Bruder, von Gott geschickt.

(Exodus 2, 11–25; 3)

Mose ist groß geworden.
Er sieht sein Volk leiden.
Wütend erschlägt er einen Aufseher.
Fliehen muss er:
sein Leben ist in Gefahr.
Er wird Schafhirte
weit weg von Ägypten.
Am Gottesberg weiden die Schafe des Mose.
Da: ein Busch brennt!
Aber er verbrennt nicht.

Gott spricht aus dem Busch:
„Mose!
Ich sehe das Leid meines Volkes.
Ich höre ihr Schreien.
Ich will sie retten,
in ein gutes Land bringen.
Du, Mose, sollst sie führen.
Geh zum König. Ich schicke dich."

Mose spricht: „Wer bist du?"
Gott antwortet:
„ICH-BIN-DA, so ist mein Name:
ICH-BIN-DA wird euch retten."

Mose geht nach Ägypten zurück.
Aaron, sein Bruder, kommt ihm entgegen.
Mose ist nicht allein.

DER AUSZUG AUS ÄGYPTEN

Mose und Aaron kommen vor den Pharao:
„Unser Gott ICH-BIN-DA, der Gott Israels,
hat gesprochen:
    ‚Lass mein Volk frei ziehen!
    Es soll mir in der Wüste ein Fest feiern!'
So lass uns gehen!"

Der Pharao kann nur lachen:
„Wer ist denn das – euer Gott?
Ich kenne keinen 'ICH-BIN-DA'.
Warum sollte ich auf ihn hören?
Ich denke gar nicht daran,
die Hebräer,
die von Israel, freizulassen.
Fort mit euch –
an die Arbeit!"

Der König befiehlt den Aufsehern:
„Die Hebräer wollen feiern!
Lasst sie noch härter arbeiten!
Sorgt dafür,
dass sie unter der Last fast
zusammenbrechen!"

Die Not wird unerträglich für die Hebräer:
mehr Arbeit,
mehr Schläge.
Wo ist Hoffnung?

Mose schreit:
„Warum, Gott Israels,
warum hast du mich hierher geschickt?
Jetzt ergeht es deinem Volk noch schlechter!
Und du –
du tust nichts!"

Gott spricht zu Mose:
„Du wirst sehen,
was ich dem Pharao tue:
plagen werde ich ihn und sein Land.
Er muss euch wegziehen lassen."

Da wird das Wasser im Nil zu Blut.
Keiner kann es mehr trinken.
Der Pharao sagt kein Wort.
Da kommen die Frösche ans Land,
ins Haus, ins Bett, ins Essen.
Aber der Pharao gibt das Volk nicht frei.

Noch andere Plagen schickt Gott:
Ungeziefer und Gelsen stechen die Ägypter.
An schwarzen Pocken erkranken Mensch und Vieh.
Schwere Unwetter gehen nieder.
Hagel zerschlägt alles im Freien.
Heuschrecken fressen den Rest auf.
Hunger droht.

Da erschrickt der König:
„Bittet euren Gott, den Gott Israels,
er soll das beenden!"
Aber das Volk lässt er doch nicht ziehen.

Da schickt Gott eine Finsternis:
drei Tage bleibt es dunkel im Land.
Dann sterben alle Erstgeborenen:

jeder älteste Sohn,
jedes älteste Tier.
Auch der Sohn des Königs stirbt.
Ganz Ägypten ist ein Schrei des Entsetzens.
Die Hebräer bleiben verschont:
Sie schlachten ein Lamm.
Mit dem Blut streichen sie die Türbalken,
wie es Gott durch Mose gesagt hat.
Da geht der Todesengel vorüber.

Die Hebräer sitzen beim Essen in dieser Nacht:
ungesäuertes Brot und bittere Kräuter essen sie.
Sie sind zum Aufbruch bereit.
Sie warten darauf.

Der Pharao lässt Mose und Aaron rufen:
„Schnell! Verlasst dieses Land!
Alles nehmt mit,
nur weg mit euch.
Sonst müssen wir noch alle sterben!"

Da ziehen sie aus
noch in derselben Nacht:
Frauen, Kinder und Männer,
ihre Tiere, ihre Habe.
Andere schließen sich ihnen an:
Arme, Fremde, Entrechtete.
Und Gott zeigt ihnen den Weg:
Er hält Wacht über sie.

Daran denkt Israel jedes Jahr, bis heute.
Diese eine Nacht gehört ICH-BIN-DA,
dem Gott Israels;
zu seiner Ehre bleiben sie wach.

Klug führt Mose die Flüchtenden an.
Er geht nicht den direkten Weg zum guten Land,
nein,
mitten durch die Wüste zieht er zum Schilfmeer.

In einer Wolkensäule am Tag
und nachts in einer Feuersäule
bleibt Gott bei denen,
die aufgebrochen sind von Ägypten.

Aber der Pharao verhärtet sein Herz:
„Was für eine Dummheit haben wir gemacht!
Wir haben unsere Arbeitskräfte laufen lassen!"
Kriegswagen lässt der König rüsten,
seine Heeresmacht aufmarschieren.
Sie jagen den Flüchtenden nach.

Die Hebräer lagern am Rand des Schilfmeeres.
Sie sehen die Soldaten näherkommen.
Es packt sie die Angst.
Sie schreien.
Sie schreien zu Gott um Hilfe.
Mose spricht zu ihnen:
„Habt keine Angst.
Gott wird für euch sein.
Ihr könnt ruhig werden."

Und da geschieht es:
Ein starker Ostwind treibt das Meer zurück.
Mitten im Wasser entsteht eine trockene Spur.
Alle ziehen durchs Meer –
im Trockenen.

Die Soldaten setzen ihnen nach,
mit Ross und Reitern, mit Wagen und Schwertern.
Da flutet das Wasser zurück:
im Meer versinkt die Streitmacht.
Nichts bleibt von ihr übrig.

So rettet Gott sein Volk,
die Menschen, die er sich erwählt hat.
Heil kommen sie ans andere Ufer.
Endlich sind sie frei.

Mirjam nimmt die Pauke in die Hand.
Alle Frauen folgen ihr.
Im Kreisrund tanzen sie vor Freude:
„Singt, singt unserem Gott,
gewaltig hat er sich erhoben.
Rosse, Wagen und Reiter
schleuderte er ins Meer!"

(Exodus 5 – 15)

Mose und Aaron gehen zum König:
„Unser Gott will es:
Lass mein Volk ziehen!"
Der König lacht:
„Was für ein Gott?
Ihr bleibt hier.
Ihr arbeitet weiter für mich."

Mose bittet Gott:
„Willst du deinem Volk nicht helfen?"

Gott spricht zu Mose:
„ICH-BIN-DA wird euch retten.
Dem König werde ich schlimme Plagen schicken."

Und so geschieht es.

Der König erschrickt:

Er jagt die Hebräer weg:
„Fort mit euch!"

Sie flüchten.
Gott begleitet sie,
der Gott von Abraham,
von Isaak und Jakob.
Sie werden sein Volk werden:
sein Volk Israel.

Der König wird wieder zornig.
Er jagt hinter den Hebräern her,
mit Wagen und Soldaten.
Aber Gott hilft.
Wind kommt auf:
Das Volk geht trocken durch das Meer.
Doch dann kommt das Wasser wieder.
Rosse und Reiter versinken.

Mirjam und die Frauen feiern:
„Singt, singt unserem Gott!
Mein Schutz ist er,
der Gott von Israel."

Gottes Volk ist frei.
Alle tanzen voll Freude.

Rettung und Stärke ist Gott

Rettung und Stärke ist Gott,
Hilfe in Not.

So fürchten wir uns nicht,
wankt auch die Erde,
versinken auch die Berge ins Meer.
braust und tost das Wasser,
dass die Berge zittern.

Rettung und Stärke ist Gott,
Hilfe in Not.

Bis an die Enden der Welt
macht er den Kriegen ein Ende.
Er zerbricht den Bogen,
zersplittert die Lanzen,
verbrennt die Wagen im Feuer.

Rettung und Stärke ist Gott,
Hilfe in Not.

(Psalm 46)

ISRAEL IN DER WÜSTE

Freie Menschen brechen auf vom Schilfmeer.
Vor ihnen liegt die Wüste.
In die große Leere ziehen sie hinein.
Bald ist der Vorrat an Wasser erschöpft.
Das Essen wird knapp.
Werden sie in der Wüste überleben?
Wird das das Fest, das sie ihrem Gott feiern sollen?
Werden sie in das versprochene Land gelangen,
in das Land,
das von Milch und Honig überfließt?

Mose weiß, wie man in der Wüste lebt.
Er lehrt die Menschen:
„Alles Unnötige lasst zurück!"
Bald säumt überzähliges Gepäck ihre Spur.
Aber der Durst.
Aber der Hunger.

„Warum hast du uns hierher gebracht?"
Die wie Sklaven gehalten wurden, jammern:
„Wären wir doch in Ägypten gestorben!
Dort saßen wir vor vollen Fleischtöpfen
und konnten uns satt essen!
Hier,
hier haben wir nichts als Hunger und Durst
und den Wüstenhimmel."

Mose zwingt zur Ruhe:
„Fürchtet euch nicht,
Gott hat euch heraufgeführt,
nicht ich,
und ICH-BIN-DA, unser Gott,

wird auch für uns sorgen."
Am Abend lassen sich müde kleine Vögel
mit der Hand fangen.
Frisches Fleisch im Überfluss.
Morgens weht der Wind etwas zum Lagerplatz,
etwas Feines, Weißes, Knisterndes,
wie Reif liegt's auf dem Boden.
„Man hu – was ist das?"
„Das ist das Brot, das Gott euch zu essen gibt:
Manna."
Ein Geschmack wie Weißgebäck mit Honig.
Jeder sammelt, was er braucht.
In manchen Felsen
verbirgt sich Wasser.
Regen ist hineingesickert.
Mose weiß, wie es zu finden ist.
Wie ein Wunder ist es
für die Erschöpften und Durstigen,
wenn Mose Wasser aus dem Felsen schlägt.

Hinter manchen Felsen
lauern Räuber,
die leichte Beute machen wollen.
Mit Schilden und Lanzen wehren sich
die Männer Israels.
Und Mose? Was macht er?
Er hat seine Arme erhoben,
zu Gott empor,
weit weg vom Kampf.
Solange er sie oben hält,
hält Gott selbst die Hände seiner Leute.
Sinkt Moses Arm herab,
erlahmen auch die Kämpfer.
Aaron stützt seinen Bruder.
Israel kann die Räuber vertreiben.

So lernt das Volk in der Wüste zu leben.
So erstreitet es sich den Weg ins Gebirge.
Denn:
Da ist die Wüste.
Und dort sind die sanften Hügel
des Honigmilchlandes.
Dazwischen wartet der Sinai auf sie,
ein riesiger Bergstock,
drohend steil.

(Exodus 16, 17)

Gottes Volk geht in die Wüste.
Graugelb, leer,
ohne Leben ist sie.

Mose kennt die Wüste.
Er weiß,
wie man sich zurechtfindet,
wo man auf Wasser stößt,
wann man Essbares entdeckt.

Er kennt die Gefahren, die Räuber,
den Durst und den Hunger.

Mose spürt:
Gott will helfen.

Er ist bei uns.
Wir verlassen uns auf ihn.
Wir kommen durch.
So gelangt Gottes Volk bis zum Sinai,
dem großen Berg,
halbtot, erschöpft.
Aber voller Hoffnung auf das Land
hinter dem Berg.

Gibt es Gott?

Manch einer denkt:
Es gibt keinen Gott.
Darum gibt es so viel Verzweiflung,
so viel Grauen.
Keiner tut Gutes.

Und Gott?
Er hält Ausschau nach Menschen,
die Gott suchen.

Doch gibt es die noch?
Ruft noch jemand nach Gott?

O käme doch Gott selbst!
Wenn Gott uns endlich heimführt,
jubeln wir mit Jakob und Israel –
voller Freude.

(Psalm 53)

ISRAELS WEGWEISUNG

Am Berg Sinai lagert das Volk.
Eine große, dunkle Wolke zieht sich
über der Bergspitze zusammen.
Sie wird dichter und dunkler,
aber es regnet nicht.
Nichts regt sich mehr.
Es wird furchtbar still.
Die Menschen ängstigen sich.

Da:
die Wolke spuckt Blitz und Donner.
Der Berg erzittert.
Feuer und Rauch kommen aus dem Berg.
Dröhnendes Grollen ballt sich zu einer Donnerstimme.

Das hält niemand aus.
Angsterfüllt laufen die Menschen auseinander,
nur weg von dieser Wolke.

Von ferne stehen sie,
reden auf Mose ein:
„Wir werden noch verrückt.
Wir kommen um vor Angst.
Rede du mit der Wolke.
Sag uns, was sie will.
Dich können wir verstehen."

Mose schaut ruhig auf die Wolke:
„Ihr müsst keine Angst haben.
Gott ist gekommen."
Und er steigt den Berg hinauf,
der Wolke entgegen.

Lange Zeit bleibt Mose auf dem Berg.
Blitz und Donner haben sich beruhigt.
Aber das Volk ist beunruhigt:
Ist Mose verschwunden?
Ist er gar tot?
Sollen wir ohne ihn weiterziehen?
Sehen wir endlich mal etwas anderes als
Wüste?
Müssen wir nun diese Wolke anbeten?

Alles gerät in Unordnung.
Die Menschen fühlen sich ausgesetzt.
Schutzlos.
Aaron und Mirjam können sie kaum bändigen.

Da kommt Mose herab vom Berg.
Sein Gesicht leuchtet.
Es hat einen strahlenden Glanz bekommen,
als er bei Gott war.
Aaron und die anderen fürchten sich
ihm zu nahe zu kommen.

Zwei Tafeln hat Mose mit,
Tafeln mit Worten von Gott.
Es sind Weisungen für die Menschen,
für ihren Weg in das neue Land,
für ihr Leben miteinander.

Dies sind die Worte Gottes:

Ich bin da – dein einziger Gott.
ICH habe dich aus Ägypten herausgeführt,
dich befreit aus der Sklaverei.
Kein anderer Gott soll sein neben mir.

Mache dir kein Bild von mir.
Bete nichts und niemand anderen an.
Denn ich liebe dich
und will deine Liebe.
Halte meine Gebote.
Dann werde ich dir und den Deinen ewig treu sein.

Achte auf meinen Namen: ICH-BIN-DA.
Verwende ihn nicht unnütz.

Halte den Ruhetag, den siebten Tag der Woche!
Er ist heilig. Er gehört Gott.
Sechs Tage sollst du arbeiten,
aber am siebten sollen alle ruhen:
deine Kinder und alle,
die für dich arbeiten
deine Tiere und auch die Fremden,
die bei dir wohnen.

Halte Vater und Mutter in Ehren.
Dann wird es dir auch gutgehen im Leben.

Morde nicht.

Brich nicht die Ehe.

Stiehl nicht.

Sage nicht Falsches über deine Mitmenschen.

Begehre nicht,
was deinem Mitmenschen gehört.

I. Ich bin dein einziger Gott
II. Mache dir kein Bild von mir
III. Missbrauche meinen Namen nicht
IV. Heilige den Feiertag
V. Ehre deinen Vater und deine Mutter
VI. Morde nicht
VII. Brich nicht die Ehe
VIII. Stiehl nicht
IX. Sage nichts Unwahres
X. Begehre nichts, was dir nicht gehört

Dorfplatz

So spricht Gott zu diesen Worten:

Das sind meine Weisungen, meine Gebote.
Sie sind die Urkunde für den Bund
zwischen uns.
Sie sind euch ganz nahe:
in eurem Mund
und in eurem Herzen sind sie.
Behaltet sie im Gedächtnis,
handelt danach!
Dann seid ihr fest miteinander
und mit eurem Gott verbunden.
Dann wird es euch gutgehen auf eurem Weg
und ihr werdet das Leben haben in dem Land,
das von Milch und Honig überfließt.

Mose gibt diese Worte an alle weiter.
Das Volk stimmt ihnen zu.
Jetzt sind sie mit Gott verbündet.
Die Wolke kommt vom Berg herunter
und zieht wieder voran.
Das Volk bricht auf,
bricht auf in das Land,
das Gott Abraham, Isaak und Jakob versprochen hat.
Gott bleibt beim Volk.
Seine Wolke geht voraus.
Seine Worte leiten an.

(Exodus 19, 20, 34; Deuteronomium 5, 6)

Am Berg Sinai wartet das Volk.
Es wartet auf Mose.
Er ist hinaufgestiegen.
Zu Gott, auf den Berg.
In eine Wolke hinein.
Niemand kann Mose sehen.
Niemand weiß,
was er mit Gott bespricht.
Lange Zeit bleibt Mose oben.
Dann kommt er zurück.
Sein Gesicht hat einen Glanz,
den Glanz von Gott.
Zwei Tafeln aus Stein bringt er mit.
Zehn Worte Gottes stehen darauf.
Zehn Regeln für das neue Leben
in einem neuen Land:

1. Ich bin da – dein einziger Gott.
2. Mach dir kein Bild von mir.
3. Missbrauche meinen Namen nicht.
4. Heilige den Feiertag.
5. Ehre deinen Vater und deine Mutter.
6. Morde nicht.
7. Bricht nicht die Ehe.
8. Stiehl nicht.
9. Sage nicht Unwahres.
10. Begehre nicht, was dir nicht gehört.

Jetzt gehören Gott und Volk zusammmen.
Gott will für das Volk da sein,
Israel weiß, was Gott will.
Jetzt ist alles bereit für das neue Land.

ISRAEL SCHAUT ZURÜCK

So sagt das Volk Gottes bis heute:

Unser Stammvater war ein heimatloser Hirte.
Dem Verhungern nahe, zog er nach Ägypten.
Dort lebte er als ein Fremder.
Mit einer Handvoll Leuten kam er hin
und wurde doch ein großes und starkes Volk.
Die Ägypter misshandelten uns.
Sie zwangen uns schwere Arbeit auf.
Da schrien wir zu Gott um Hilfe.
Er hörte uns rufen aus Not, Elend und Unfreiheit.
Mit mächtigen Wundertaten führte er uns aus Ägypten.
Er brachte uns hierher,
in ein Land, in dem Milch und Honig fließen.

(Deuteronomium 26, 5 – 9)

Du, Gott, bist sehr groß!

Lobe den Herrn, meine Seele!

Du, Gott, bist sehr groß.
Du schmückst dich mit Glanz.
Du schlingst das Licht um dich wie ein Tuch.
Du breitest den Himmel aus wie einen Teppich.

Der Wind ist dein Bote,
das Feuer dein Diener.
Mond und Sonne kennen ihre Wege.

Du hast das Wasser in Bäche geschickt:
alle Tiere haben zu trinken.
Darüber singen die Vögel.

Das Land ist voller Früchte.
Gras für die Tiere,
Brot und Wein für die Menschen:
das stärkt das Herz.

Gott,
wieviel hast du erwirkt!
Alles ist klug geordnet,
die Erde ist voll deiner guten Gaben.

Lobe den Herrn, meine Seele!

(Psalm 104)

Am Anfang ist das Wort

Am Anfang ist das Wort.
Gott ist das Wort.
Von Anfang an.

Gott spricht –
und alles entsteht:
Weltall und Sterne,
Tiere und Pflanzen,
die ganze Welt,
das Leben.

Am Anfang ist das Wort.
Ohne das Wort gibt es nichts.

Können wir es hören?
Verstehen?
Antworten?

Das Wort kommt auf die Welt.
Das Wort wird ein Mensch.
Es wohnt bei uns –
ganz nahe.
Jetzt können wir es hören.
Verstehen
und antworten.

(Johannes 1, 1–14)

DER ENGEL KOMMT ZU MARIA

Gott schickt den Engel Gabriel zu Maria.
Maria lebt in Nazaret.
Sie ist mit Josef verlobt.
Josef stammt von König David ab.
Der Engel kommt zu ihr hinein und sagt:
"Grüß dich, Maria!
Gott hat dich ausgesucht.
Gott ist mit dir!"
Maria bekommt einen Riesenschrecken.
Sie denkt: "Was ist das für eine Begrüßung?"
Aber der Engel sagt zu ihr:
"Maria, fürchte dich nicht! Hör zu:
Du wirst schwanger werden und einen Sohn zur Welt bringen.
Gib ihm den Namen Jesus!
Er wird etwas ganz Besonderes sein.
Er wird Kind des Höchsten genannt werden.
Er wird König sein in Israel für alle Zeit."
Aber Maria sagt zum Engel:
"Und wie, bitte, soll das gehen?
Ich bin nicht verheiratet.
Ich war noch nie mit einem Mann zusammen!"
Der Engel antwortet:
„Der Geist Gottes wird dich einhüllen.
Die Kraft Gottes wird dich erfüllen.
Deshalb wird es ein heiliges Kind.
Es wird ganz zu Gott gehören.
Es wird Sohn Gottes heißen.
Schau, deine Tante Elisabeth:
Sie ist schon sechs Monate schwanger!
Dabei ist sie schon so alt!
Alle haben gesagt, sie kann kein Kind mehr bekommen!

Du siehst: Für Gott ist nichts unmöglich."
Da sagt Maria:
„Gut.
Ich werde tun, was Gott will.
Es soll so kommen, wie du es gesagt hast."
Da ist der Engel wieder fort.

(Lukas 1, 26–38)

Der Engel kommt zu Maria.
Maria!
Du wirst ein Kind bekommen!
Es soll Jesus heißen!
Maria kann es nicht glauben.
Der Engel sagt: Gott will es so!
Da sagt Maria: Dann ist es gut.

JESUS WIRD GEBOREN

In dieser Zeit gibt der Kaiser Augustus in Rom einen Befehl:
Alle Bewohner des römischen Reiches
müssen in Listen eingetragen werden!
Das hat es noch nie gegeben!
So machen sich alle auf den Weg.
Jeder muss in die Stadt gehen, aus der er stammt.
Dort sollen die Namen aufgeschrieben werden.
Auch Josef aus Nazaret macht sich auf den Weg.
Er muss nach Betlehem gehen.
Betlehem war die Stadt von König David
und Josef stammt von König David ab.
In Betlehem will er seinen Namen aufschreiben lassen.
Seine Verlobte Maria geht mit ihm.
Sie ist schwanger.
Sie kommen nach Betlehem.
Das Kind will auf die Welt!
Maria bekommt es und wickelt es in Windeln.
Sie legt das Kind in eine Krippe.
Sonst gibt es nirgends einen Platz.

(Lukas 2,1–7)

Maria und Josef gehen nach Betlehem.
Maria ist schwanger.
Jetzt kommt das Kind.
Sie haben kein Haus.
Sie haben kein Zimmer und auch kein Bett.
Maria legt das Kind in eine Krippe.

Das Licht im Finstern

Das Volk,
das im Finstern wandert,
sieht ein großes Licht.
Für alle im Schatten
strahlt ein Glanz auf.
Gott wird wieder Freude aufkommen lassen,
überschäumende Freude.
Denn ein Kind ist uns geboren,
ein Sohn ist uns geschenkt.
Seine Ehrennamen sind:
Ein Wunder der Weisheit,
ein Mächtiger wie Gott,
ein ewiger Vater,
ein Fürst des Friedens.
Seine Macht wird überall hin reichen,
Friede wird sein in seinem Reich.
Mit Recht und Gerechtigkeit wird er regieren.
Jetzt und in alle Zeit.
Der Wille Gottes wird es vollbringen.

(Jesaja 9, 1–6)

DIE HIRTEN

Auf den Feldern von Betlehem sind Hirten.
Sie hüten in der Nacht ihre Herde.
Auf einmal sehen sie:
Ein Engel – hier bei uns!
Bei uns – der Lichtglanz von Gottes Herrlichkeit!
Die Hirten fürchten sich sehr.
Sie hören den Engel sagen:
„Fürchtet euch nicht!
Euch bringe ich die freudige Nachricht für alle Menschen!
Euch ist heute in Betlehem der Retter geboren,
auf den viele schon gewartet haben!
So könnt ihr ihn erkennen:
Er ist ein Kind.
Er ist in Windeln gewickelt und liegt in einer Krippe."

Plötzlich ist der Engel nicht mehr allein!
Viele sind da und loben Gott:
„Ehre sei Gott in der Höhe!
Friede unter den Menschen,
denn Gott hat sie lieb!"

Dann sind die Engel verschwunden.
Die Hirten reden durcheinander:
„Los, gehen wir nach Betlehem!
Wir wollen sehen, was da passiert ist!
Wir wollen sehen, was der Engel gesagt hat!"

Sie beeilen sich und finden Maria und Josef
und das Kind in der Krippe.
Dann erzählen sie lang und breit,
was der Engel alles über dieses Kind gesagt hat.

Wer das hört, muss sich wundern!
Nur Maria nicht.
Sie merkt sich jedes Wort bis ins Herz hinein.
Die Hirten gehen wieder zu ihrer Herde zurück.
Sie danken und loben Gott für alles,
was sie in dieser Nacht gehört und gesehen haben.
Genau, wie der Engel es gesagt hat!

(Lukas 2, 8–20)

Die Hirten sind auf dem Feld.
Es ist Nacht.
Da kommt der Engel. Er sagt:
„Fürchtet euch nicht!
Heute ist der Retter geboren.
Ein Kind.
Es liegt in einer Krippe."
Die Hirten laufen zur Krippe.
Sie sehen Maria und Josef.
Sie sehen das Kind.
Sie freuen sich sehr!

DIE WEISEN

Weise aus dem Morgenland kommen nach Jerusalem. Sie fragen:
„Wo ist euer neugeborener König?
Wir haben im Morgenland einen besonderen Stern gesehen.
Einen Königstern!
Jetzt sind wir hier, um den neuen König zu besuchen."
König Herodes hört das.
Er bekommt einen großen Schrecken!
Er denkt: Ein neuer König?
Ich bin doch König hier!
Das darf kein anderer sein!
Herodes läßt gleich alle seine Gelehrten kommen und fragt sie:
„Wo wird der neue König geboren?
Der Retter, auf den viele warten?"
Sie sagen ihm:
„In Betlehem!
Das hat schon vor langer Zeit der Prophet Micha gewusst.
Er schreibt: Der Retter für das ganze Volk wird aus Betlehem kommen."

Herodes lässt die Weisen heimlich zu sich kommen.
Er fragt sie genau über den Stern aus.
Dann schickt er sie nach Betlehem.
Er sagt: „Geht nur hin und sucht das Kind!
Erzählt mir, wenn ihr es gefunden habt!
Ich will nämlich auch hingehen und das Kind besuchen."

Die Weisen machen sich auf den Weg.
Der Stern geht vor ihnen her.
Genau über der Stelle, wo das Kind ist, bleibt er stehen.
Als sie das sehen, freuen sie sich sehr.
Sie gehen hinein und finden das Kind mit seiner Mutter Maria.
Da knieen sie nieder und beten.
Sie schenken dem Kind Gold, Weihrauch und Myrrhe.

Aber in der Nacht sagt ihnen Gott im Traum:
„Geht nicht zu König Herodes zurück!
Sagt ihm nichts!"
So gehen sie auf einem anderen Weg heim ins Morgenland.

(Matthäus 2, 1–12)

Drei Männer suchen den neuen König.
Im Palast finden sie ihn nicht.
Ein Stern zeigt den Weg.
Der Stern leuchtet über der armen Krippe.
In der Krippe liegt das Kind.
Die Männer freuen sich!
Sie haben ihren König gefunden.
Nun packen sie ihre Geschenke aus.

DIE TAUFE JESU

Ein Mann lebt in der Wüste.
Es ist Johannes.
Er will den Menschen einen neuen Weg zeigen.
Einen Weg der Gerechtigkeit.
Die Menschen wollen den neuen Weg gehen.
Es gibt ein Zeichen dafür: die Taufe.

Jesus kommt aus seiner Heimatstadt Nazaret.
Er ist erwachsen geworden.
Er lässt sich von Johannes im Jordan taufen.
Nach der Taufe steigt er aus dem Wasser.
Er sieht:
Der Himmel geht auf!
Gottes Geist schwebt über ihm – wie eine Taube.
Er hört eine Stimme:
„Du bist mein geliebter Sohn.
Dich habe ich auserwählt."

(Markus 1, 2–11)

Johannes ist in der Wüste.
Die Leute kommen zu ihm.
Er sagt:
„Es muss alles anders werden!
Ihr müsst auch anders werden!
Gott will es so."
Wer anders werden will,
lässt sich von Johannes taufen.
Jesus kommt.
Er lässt sich auch taufen.
Mit Jesus wird alles anders.
Gott hat ihn über alles lieb.

Fischerei am See

JESUS SUCHT FREUNDE

Jesus geht am Ufer des Sees entlang.
Da sieht er Simon und seinen Bruder Andreas.
Sie werfen gerade Netze ins Wasser, denn sie sind Fischer.
Jesus sagt zu ihnen:
„Kommt! Geht mit mir!
Ihr sollt Menschenfischer werden!"
Auf der Stelle lassen sie ihre Netze liegen.
Sie folgen ihm.
Er geht ein Stück weiter.
Da sieht er Jakobus und seinen Bruder Johannes.
Sie sitzen im Boot und flicken ihre Netze.
Gleich ruft er auch sie.
Sie lassen ihren Vater und die anderen Leute im Boot zurück.
Auch sie gehen mit Jesus.
Später ruft Jesus noch andere zu sich.
Jüngerinnen und Jünger.

(Markus 1,16–20)

Jesus geht zum See.
Dort sind Fischer.
Simon und Andreas,
Jakobus und Johannes.
Jesus sagt: Kommt mit!
Ihr sollt meine Freunde sein!
Sie kommen und gehen mit Jesus.
Sie sind seine Freunde.

JESUS HILFT IN DER ANGST

Am Abend sagt Jesus zu den Jüngern:
„Fahren wir über den See!"
Sie steigen in ein Boot und fahren hinaus.
Plötzlich kommt ein großer Sturm.
Die Wellen werden riesengroß!
Das Boot ist schon voll Wasser!
Jesus ist hinten im Boot.
Er schläft.
Die Jünger wecken ihn auf:
„Ist es dir egal, dass wir umkommen?"
Da steht er auf
und ruft in den Wind und die Wellen: „Still!"
Der Sturm legt sich
und es wird ganz still.
Jesus sagt zu ihnen:
„Warum fürchtet ihr euch so?
Habt ihr noch kein Vertrauen?"
Die Jünger sind außer sich
und sprechen untereinander:
„Wer ist Jesus wirklich?
Sogar Wind und Wellen tun, was er sagt!"

(Markus 4,36–41)

Jesus und seine Freunde sind im Boot.
Sie fahren über den See.
Jesus schläft.
Da kommt ein Sturm!
Die Wellen werden immer höher!
Wasser ist im Boot!
Die Freunde haben Angst.
Sie wecken Jesus: „Hilf uns!"
Jesus sagt zum Sturm und zu den Wellen: „Still!"
Es wird ganz still.
Jesus sagt zu seinen Freunden:
„Ich bin da!
Habt keine Angst!"

JESUS HAT DIE KINDER LIEB

Einige Leute bringen Kinder zu Jesus.
Er soll sie berühren.
Die Jünger wollen das nicht erlauben.
Sie schimpfen mit ihnen.
Jesus sieht das.
Er wird zornig und sagt:
„Lasst doch die Kinder zu mir kommen
und steht ihnen nicht im Weg!
Das Reich Gottes gehört ja den Kindern.
Passt auf, ich sage euch:
Wer das Reich Gottes nicht so aufnimmt wie ein Kind,
kann nicht hineinkommen."
Dann umarmt er die Kinder und
legt ihnen seine Hände auf den Kopf.
So berührt er sie.
Die Kinder können spüren,
wie lieb er sie hat.

(Markus 10, 13–16)

Kinder kommen zu Jesus.
Die Freunde schimpfen:
„Kinder!"
Jesus wird zornig und sagt:
„Die Kinder sollen kommen!
Schimpft nicht!
Gott will bei den Kindern sein."
Jesus ruft die Kinder zu sich
und umarmt sie.

Das Vaterunser

*Jesus sagt seinen Jüngerinnen und Jüngern,
sie sollen beten wie die Kinder:*

Vater unser im Himmel!

Geheiligt werde dein Name.

Dein Reich komme.

*Dein Wille geschehe,
wie im Himmel, so auf Erden.*

Unser tägliches Brot gib uns heute

*Und vergib uns unsere Schuld,
wie auch wir vergeben unsern Schuldigern.*

*Und führe uns nicht in Versuchung,
sondern erlöse uns von dem Bösen.*

*Denn dein ist das Reich und die Kraft
und die Herrlichkeit in Ewigkeit. Amen.*

(Matthäus 6,9–13)

DAS VERLORENE SCHAF

Zu Jesus kommen viele Leute, die verachtet sind.
Niemand mag sie.
Wirklich schlechte Menschen sind dabei
und solche, mit denen niemand reden will.
Das sind die Zöllner und Sünder.
Viele fromme und anständige Leute sagen:
„Zöllner und Sünder sind weit weg von Gott!
Mit ihnen wollen wir nichts zu tun haben."
Viele fromme und anständige Leute sagen:
„Dieser Jesus lässt die Zöllner und Sünder zu sich kommen.
Er isst sogar mit ihnen!"
Da erzählt ihnen Jesus ein Gleichnis:
„Stellt euch vor, jemand hat hundert Schafe.
Da geht eines von ihnen verloren.
Lässt er nicht die neunundneunzig in der Wüste zurück?
Sucht er nicht das verlorene Schaf, bis er es findet?
Und wenn er es gefunden hat,
wird er es sich voll Freude auf die Schulter legen.
Daheim wird er seine Freunde und Nachbarn rufen:
Freut euch mit mir!
Ich habe mein Schaf gefunden, das verloren war!
Ich sage euch:
Genauso wird im Himmel Freude sein
über einen einzigen Sünder, der zu mir kommt.
Viel mehr Freude als über neunundneunzig Menschen,
die immer recht haben wollen und nicht zu mir kommen."

(Lukas 15, 1–7)

Ein Hirte hat hundert Schafe.
Ein Schaf geht verloren.
Soll er es suchen?
Soll er alle anderen zurücklassen?
Es ist doch nur eines!
Der Hirte sucht das verlorene Schaf.
Er findet es wieder.
Schnell trägt er das Schaf heim!
Er ruft:
„Wir machen ein Fest!
Ich habe mein verlorenes Schaf
wieder gefunden!"

Gott ist mein Hirte

Gott ist mein Hirte.

Es wird mir bei ihm gut gehen.
Er bringt mich auf grüne Wiesen.
Er führt mich zu frischem Wasser.

Er stimmt meine Seele fröhlich.
Auf guten Wegen leitet er mich.

Auch wenn ich durchs finstere Tal gehen muss,
fürchte ich mich nicht:
denn Gott ist bei mir.
Sein Stock, sein Stecken schützen mich.

Gutes wird mit mir sein,
voller Güte sind die Tage meines Lebens.

Gott ist mein Hirte

(Psalm 23).

JESUS BEI ZACHÄUS

Jesus kommt in die Stadt Jericho.
Dort wohnt einer, der Zachäus heißt.
Er ist der oberste Zöllner in ganz Jericho und sehr reich.
Er will unbedingt Jesus sehen.
Aber er ist zu klein!
Die Menschen versperren ihm die Sicht.
So läuft er voraus und klettert auf einen Maulbeerbaum.
Von dort oben kann er Jesus sehen, wenn er vorbeikommt.
Als Jesus zu der Stelle kommt, schaut er hinauf und sieht Zachäus.
Er sagt zu ihm:
„Zachäus, komm schnell herunter!
Ich muss heute unbedingt in deinem Haus einkehren!"
Zachäus steigt sofort vom Baum herunter
und nimmt Jesus voll Freude mit nach Hause.
Als das die Leute sehen, regen sie sich auf und sagen:
„Er ist bei einem Sünder eingekehrt!"
Aber Zachäus schaut zu Jesus und sagt:
„Herr, mein halbes Vermögen werde ich den Armen geben.
Und wenn ich von jemandem zuviel kassiert habe,
werde ich es viermal zurückgeben!"
Da sagt Jesus zu ihm:
„Heute hat Gott dich und deine ganze Familie angenommen!
Auch du bist ein Nachkomme Abrahams.
Ich bin gekommen, um die Verlorenen zu suchen und zu retten."

(Lukas 19, 1–10)

Jesus ist in der Stadt.
Alle laufen zusammen.
Alle wollen Jesus sehen!
Auch Zachäus will Jesus sehen.
Aber er ist zu klein.
Da steigt er auf einen Baum.
Jesus sieht ihn und ruft ihn her:
„Ich will bei dir essen."
Die Leute schimpfen!
Niemand mag Zachäus!
Zachäus ist reich, weil er andere arm macht.
Jesus besucht Zachäus.
Da will Zachäus alles zurückgeben.
Er will alles wieder gutmachen.
Jesus sagt: „So will es Gott haben!"

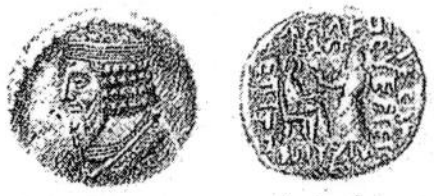

Syrische Tetradrachme

Römischer Denar

Römischer Sesterz

BARTIMÄUS

Jesus kommt mit vielen Leuten in die Stadt Jericho.
Als sie aus der Stadt hinausgehen,
sitzt ein blinder Bettler am Weg.
Er heißt Bartimäus.
Der hört, dass Jesus von Nazareth vorbeigeht.
Da fängt er an zu schreien und zu rufen:
„Jesus, hilf mir!" „Jesus, hilf mir!"
Die Leute schimpfen: „Sei doch still!"
Aber er schreit noch viel lauter:
„Jesus, hilf mir doch!"
Jesus bleibt stehen und sagt: „Ruft ihn her!"
Die Leute rufen den Blinden und sagen:
„Keine Angst! Steh auf! Er ruft dich!"
Da wirft er seinen Mantel weg,
springt auf und kommt zu Jesus.
Jesus fragt ihn: „Was soll ich für dich tun?"
Der Blinde antwortet:
„Meister, tu etwas, dass ich sehen kann!"
Jesus sagt:
„Geh nur, dein Glaube hat dir schon geholfen!"
Auf der Stelle kann der Blinde sehen
und geht Jesus auf dem Weg nach.

(Markus 10, 46–52)

Jesus geht auf der Straße.
Da sitzt ein blinder Mann.
Er kann nicht sehen.
Er ruft: „Jesus, hilf mir!"
Jesus geht weiter.
Er ruft lauter: „Jesus, hilf mir!"
Jesus hört ihn.
Er bleibt stehen.
Der blinde Mann kommt zu Jesus.
Jesus schaut ihn an: „Was willst du?"
Der blinde Mann sagt: „Ich will sehen!"
Jesus sagt: „Wie du es willst!"
Da kann der Mann sehen.
Er sieht Jesus.

Gott, höre mein Gebet!

Gott, rette mich,
gib mir Recht durch deine Kraft.

Gott, höre mein Gebet,
lausche den Reden meines Mundes.

Andere tun mir weh.
Sie verletzen mich.
Wütende trachten nach meiner Seele.
Gott ist nicht vor ihren Augen.

Doch seht:
Gott hilft mir.
Er stützt mich.

Das Böse fällt zurück.
Es ist zerstört.

Mit Freuden danke ich Gott,
seinem großen Namen danke ich.

Hat er mich doch gerettet!
Jetzt kann ich getrost weitersehen.

(Psalm 54)

LIEBE DEINEN MITMENSCHEN!

Da kommt ein Schriftgelehrter.
Er will Jesus auf die Probe stellen.
Der Schriftgelehrte studiert die Bibel.
Er will alles erklären und verstehen,
was Mose und die Propheten geschrieben haben.
Er fragt Jesus:
„Meister, wie kann ich so leben,
dass es Gott wirklich gefällt?"
Jesus antwortet ihm:
„Was steht denn im Gesetz des Mose?
Was liest du dort?"
Er sagt darauf:
„Dort steht: Du sollst den Herrn, deinen Gott,
lieben von ganzem Herzen,
von ganzer Seele, mit all deiner Kraft und mit all deinen Gedanken.
Und: Liebe deinen Mitmenschen wie dich selbst."
Jesus sagt zu ihm:
„Richtig! Genauso ist es!
Jetzt tu es auch und du wirst leben,
wie es Gott wirklich gefällt!"
Aber der Schriftgelehrte ist noch nicht zufrieden.
Er fragt: „Aber wer ist mein Mitmensch?"
Jesus beginnt zu erzählen:
„Ein Mann geht von Jerusalem nach Jericho hinunter.
Da wird er von Räubern überfallen.
Sie schlagen ihn nieder und plündern ihn aus.
Dann laufen sie davon und lassen ihn halbtot liegen.
Zufällig kommt ein Priester vorbei.
Er sieht den Überfallenen und geht weiter.
Auch ein Tempelangestellter kommt vorbei.
Auch er sieht den Überfallenen und geht weiter.
Dann kommt ein Ausländer, ein Mann aus Samarien.
Als er den Überfallenen sieht, hat er Mitleid.
Er geht zu ihm hin, gießt Öl und
Wein auf seine Wunden und verbindet sie.
Dann hebt er ihn auf sein Reittier
und bringt ihn ins nächste Gasthaus.
Dort kümmert er sich weiter um ihn.
Am nächsten Morgen gibt er dem Wirt zwei Silberstücke:
‚Pflege ihn! Wenn du mehr für ihn brauchst,
werde ich es bezahlen, wenn ich wiederkomme.'
Was meinst du," sagt Jesus,
„wer von den drei Menschen
ist für den Überfallenen ein Mitmensch geworden?"
Der Schriftgelehrte sagt:
„Der ihm geholfen hat."
Da sagt Jesus:
„Dann geh und mach es genauso!"

(Lukas 10, 25–37)

Jesus erzählt:
„Neben der Straße liegt ein Mann.
Er ist verletzt.
Er braucht Hilfe.
Da kommt einer.
Aber er geht vorbei.
Noch einer kommt.
Wird er helfen?
Er geht auch vorbei.
Jetzt kommt einer, der stehenbleibt.

Endlich!
Er hilft dem Mann.
Er versorgt ihn.
Er lässt ihn nicht allein."
Jesus sagt:
„Mach es genauso!
Liebe deinen Gott mit ganzem Herzen!
Liebe deinen Mitmenschen wie dich selbst!"

Schriftgelehrter

Das Hohelied der Liebe

Die Liebe ist geduldig und freundlich.
Die Liebe muss nicht alles haben,
sie prahlt nicht,
sie macht sich nicht selber wichtig.
Sie tut nichts, wofür sie sich schämen muss.
Sie tut nichts, was nur ihr nützt.
Sie lässt sich nicht zornig machen
und kann nicht böse sein.
Sie freut sich nicht über Ungerechtigkeit,
sie freut sich über Wahrheit.
Sie erträgt alles,
glaubt alles,
hofft alles,
hält allem stand.

(1. Korinther 13, 4–7)

DIE GEKRÜMMTE FRAU

Einmal ist Jesus in der Synagoge.
In der Synagoge kommen die Menschen zusammen,
wenn sie beten und in der Bibel lesen.
Es ist gerade Sabbat.
Am Sabbat arbeitet niemand.
Der Tag ist heilig.
Alle sollen Zeit haben, dass sie an Gott denken.
Am Sabbat sind viele Menschen in der Synagoge.
Sie feiern Gottesdienst.

Es ist auch eine Frau da,
die schon seit achtzehn Jahren krank ist.
Ihr Rücken ist ganz krumm.
Sie kann sich nicht aufrichten.
Eine böse Krankheit!
Als Jesus sie sieht, ruft er sie zu sich.
Er sagt: „Frau, du sollst deine Krankheit los sein!"
Und er legt seine Hände auf sie.
Im gleichen Augenblick richtet sie sich auf und lobt Gott.
Aber der Vorsteher der Synagoge regt sich auf:
Ausgerechnet am Sabbat muss Jesus heilen!
Er sagt zu den Leuten:
„Sechs Tage in der Woche sind zum Arbeiten da.
Kommt also an diesen Tagen und lasst euch heilen.
Aber nicht am Sabbat!"
Jesus sagt zu ihm: „Sei nicht so falsch!
Jeder von euch bindet doch auch am Sabbat
seinen Ochsen oder seinen Esel los
und führt ihn zum Wasser!
Diese Frau gehört aber zu den Nachkommen Abrahams!
So lange leidet sie an ihrer bösen Krankheit
und darf nicht geheilt werden, weil gerade Sabbat ist?"
Als Jesus so redet, schämen sich seine Gegner.
Alle anderen aber freuen sich über seine Worte.

(Lukas 13, 10–13)

Eine Frau ist krank.
Ihr Rücken ist ganz krumm.
Sie kann nicht gerade stehen.
Seit vielen Jahren geht das so.
Jesus sieht die Frau.
Er sagt: „Du sollst gesund sein!"
Er legt seine Hände auf ihren Rücken.
Sie steht wieder ganz gerade.

ALLE WERDEN SATT

Jesus fährt mit dem Boot ganz allein an einen einsamen Ort.
Aber die Menschen sehen es und folgen ihm am Ufer.
Als Jesus aus dem Boot steigt,
sieht er eine große Menschenmenge vor sich.
Sie tun ihm leid.
Er heilt die Kranken, die dabei sind.
Es wird Abend.
Die Jünger gehen zu ihm und sagen:
„Hier ist eine einsame Gegend und es ist schon spät.
Schick doch die Leute weg!
Sie sollen in die Dörfer gehen und sich etwas zu essen kaufen."
Jesus antwortet ihnen:
„Sie müssen nicht weggehen!
Gebt doch ihr ihnen zu essen!"
Sie sagen:
„Wir haben nicht mehr als fünf Brote und zwei Fische."
„Bringt sie mir her!" sagt Jesus.
Er fordert die Leute auf, sich ins Gras zu setzen.
Dann nimmt er die fünf Brote und die zwei Fische.
Er schaut zum Himmel auf und spricht das Segensgebet.
Danach bricht er die Brote in Stücke und gibt sie den Jüngern.
Die Jünger teilen die Stücke unter den Leuten aus.
Alle essen und alle werden satt.
Es bleibt sogar noch soviel Brot übrig,
dass sie zwölf Körbe damit anfüllen können.

Etwa fünftausend Männer haben an dieser Mahlzeit teilgenommen, dazu noch Frauen und Kinder.

(Matthäus 14, 13–21)

So viele Leute wollen bei Jesus sein!
Sie gehen ihm nach.
Sie bleiben bei Jesus, bis es Abend wird.
Da bekommen sie großen Hunger.
Jesus sagt zu den Jüngern:
„Gebt ihr ihnen zu essen!"
Die Jünger sagen:
„Wir haben viel zu wenig!
Wir haben nur fünf Brote und zwei Fische!"
Jesus sagt zu den Leuten:
„Setzt euch nieder auf das Gras."
Dann nimmt er die Brote und die Fische.
Er betet.
Er teilt die Brote.
Die Jünger helfen beim Austeilen.
Alle bekommen zu essen.
Alle werden satt.
Es bleibt sogar noch etwas übrig.
Es waren soviel tausend Leute
wie Finger an einer Hand.

Die Seligpreisungen

Selig sind die Armen!
Ihnen gehört das Himmelreich.

Selig sind die Traurigen!
Sie werden getröstet werden.

Selig sind die Sanftmütigen!
Ihnen wird die Erde gehören.

Selig sind die, die Hunger und Durst nach Gerechtigkeit haben!
Sie sollen satt werden.

Selig sind die Barmherzigen.
Sie werden auch Barmherzigkeit erleben.

Selig sind die, die ein freies und offenes Herz haben.
Sie werden Gott sehen.

Selig sind die, die Frieden schaffen.
Sie werden Gottes Kinder heißen.

Selig sind die Gerechten, die verfolgt werden!
Ihnen gehört das Himmelreich.

(Matthäus 5, 3–10)

HUNGER AM SABBAT

Jesus geht mit seinen Jüngern durch ein Getreidefeld.
Es ist gerade Sabbat.
Am Sabbat arbeitet niemand.
Der Tag ist heilig.
Seine Jünger fangen an,
die Ähren auszurupfen und die Getreidekörner zu essen.
Das sehen welche, die gegen Jesus sind.
Sie sagen zu ihm:
„Schau doch!
Warum tun deine Jünger etwas,
das am Sabbat nicht erlaubt ist?"
Er antwortet ihnen:
„Habt ihr noch nie gelesen,
was König David getan hat, als er in großer Not war
und mit seinen Freunden Hunger hatte?
Er ist einfach in den Tempel gegangen
und hat mit seinen Freunden die heiligen Brote gegessen.
Niemand außer den Priestern durfte diese Brote essen!
Aber David und seine Freunde haben es trotzdem getan.
Aus Hunger."
Und dann sagt er noch:
„Überhaupt:
Der Sabbat ist für die Menschen da,
nicht die Menschen für den Sabbat!"

(Markus 2, 23–28)

Jesus und seine Freunde gehen über ein Feld.
Das Getreide ist schon reif.
Die Freunde haben Hunger.
Sie essen die Körner.
Da rufen die Leute:
„Das dürft ihr nicht!
Heute ist Sabbat!
Am Sabbat darf niemand arbeiten!"
Jesus sagt:
„Hungrige Menschen
dürfen auch am Sabbat satt werden."

Die Synagoge

KOMM IN DIE MITTE!

Wieder einmal geht Jesus am Sabbat in die Synagoge.
In der Synagoge kommen die Menschen zusammen,
wenn sie beten und in der Bibel lesen.
Am Sabbat sind viele Menschen in der Synagoge.
Sie feiern Gottesdienst.
Da ist auch ein Mann mit einer verkrüppelten Hand.
Es sind aber auch welche da, die gegen Jesus sind.
Sie würden ihn gerne anzeigen.
Deshalb passen sie genau auf.
Wird er es wagen, den Mann am Sabbat zu heilen?
Der Sabbat ist doch der heilige Tag.
Am Sabbat darf niemand arbeiten.
Jesus spricht zu dem Mann mit der verkrüppelten Hand:
„Steh auf! Komm in die Mitte!"
Jetzt sagt er zu denen, die ihn anzeigen wollen:
„Was darf man am Sabbat tun?
Gutes oder Böses?
Leben retten oder Leben vernichten?"
Sie sagen gar nichts.
Voll Zorn sieht er sie der Reihe nach an.
Er ist traurig, weil sie so harte Herzen haben.
Dann sagt er zu dem Mann:
„Strecke deine Hand aus!"
Als er sie ausstreckt, ist seine Hand ganz gesund.
Gleich verlassen seine Gegner die Synagoge.
Draußen treffen sie sich mit anderen,
die auch gegen Jesus sind.
Sie sind sich schnell einig, dass Jesus sterben muss.

(Markus 3, 1–6)

Ein kranker Mann kommt zu Jesus.
Seine Hand ist gelähmt.
Jesus hilft ihm.
Er macht die Hand gesund.
Da rufen viele:
„Du darfst das nicht!
Heute ist Sabbat!
Sabbat ist der heilige Tag.
Am Sabbat darf niemand arbeiten!"
Jesus sagt:
„Kranke Menschen
dürfen auch am Sabbat gesund werden!"
Da werden sie böse auf Jesus.
Sie sagen:
„Jesus tut was er will.
Alles, was uns heilig ist,
macht er einfach kaputt.
Er muss sterben."
Jetzt hat Jesus Feinde.

DIE FRAU, DER PHARISÄER UND DER RABBI

Simon lädt Jesus zum Essen ein.
Simon ist ein Pharisäer.
Die Pharisäer wollen genau so leben,
wie es Mose in der Bibel geschrieben hat.
Sie sagen:
„Die Römer sind in unserem Land.
Alles ist anders geworden.
Bald wissen wir nicht mehr,
wer zu Gott gehört und wer nicht!
An unserem ganzen Leben soll man sehen,
dass wir zu Gott gehören wollen."
Einige Pharisäer sind mit Jesus befreundet.
Einige sind seine Gegner.
Jetzt ist Jesus bei Simon eingeladen.
Jesus kommt in sein Haus.
Wie es damals üblich ist, legen sie sich zum Tisch.
In der Stadt lebt auch eine Frau, von der alle schlecht reden.
„Sie ist eine Sünderin!",
sagen die Leute.
„Sie lebt nicht so, wie Gott es will."
Als die Frau hört, dass Jesus bei dem Pharisäer eingeladen ist,
kommt sie mit einem Glas voll kostbarer Salbe.
Sie weint, wie sie zu Jesus kommt,
und ihre Tränen fallen auf seine Füße.
Da trocknet sie mit ihren Haaren seine Füße ab,
küsst sie und gibt die kostbare Salbe drauf.
Als der Pharisäer das sieht, denkt er sich:
„Wenn Jesus wirklich ein Prophet wäre,
dann würde er doch wissen,
was das für eine ist,
von der er sich berühren lässt!
Von einer Sünderin!"
Da spricht ihn Jesus an:
„Ich möchte dir etwas sagen.
Zwei Männer hatten Schulden bei einem Geldverleiher.
Der eine fünfhundert Silberstücke, der andere nur fünfzig.
Weil aber keiner von beiden etwas zahlen konnte,
schenkte ihnen der Geldverleiher ihre Schulden.
Welcher von den beiden wird wohl dankbarer gewesen sein?"
Simon antwortet:
„Ich denke der, dem er mehr geschenkt hat."
„Du hast recht", sagt Jesus.
Dann zeigt er auf die Frau und sagt zu Simon:
„Sieh diese Frau an!
Ich bin in dein Haus gekommen,
und du hast mir kein Wasser für die Füße gegeben.
Sie aber hat mir die Füße mit Tränen gewaschen und mit ihren
Haaren getrocknet!
Du hast mir keinen Kuss zur Begrüßung gegeben.
Sie aber hat gar nicht mehr aufgehört, mir die Füße zu küssen,
seit ich hier bin!
Du hast meinen Kopf nicht gesalbt.
Sie aber hat kostbare Salbe auf meine Füße gegeben!
Darum sage ich dir:
Ihre vielen Sünden sind vergeben, darum kann sie viel Liebe schenken.
Wem wenig vergeben wird, der liebt auch nur wenig."
Dann sagt Jesus zu der Frau:
„Deine Sünden sind dir vergeben.
Dein Vertrauen hat dir geholfen! Geh in Frieden!"

(Lukas 7, 36–50)

Eine Frau kommt zu Jesus.
Sie weint.
Sie bringt eine gute Salbe.
Sie will Jesus etwas Liebes tun.
Mit der Salbe pflegt sie die Füße von Jesus.
Aber warum weint sie?
Warum ist sie traurig?
Jesus sagt:
„Du hast mir etwas sehr Liebes getan!
Ich danke dir!
Das Liebe, das du tust,
ist viel größer und wichtiger
als das Traurige.
Liebes tun ist stärker als Weinen.
Gott schenkt dir seine Liebe!"

Das Haus

DER HAUPTMANN

Jesus kommt nach Kafarnaum.
Da kommt ein Hauptmann der römischen Soldaten zu ihm und sagt:
„Herr, mein Sklave liegt zu Hause.
Er ist gelähmt und hat große Schmerzen!"
Jesus sagt zu ihm:
„Ich werde kommen und ihn heilen."
Aber der Hauptmann sagt:
„Herr, ich bin es gar nicht wert, dass du in mein Haus kommst.
Sprich nur ein Wort und mein Sklave wird gesund sein!
Schau, bei mir ist es ähnlich:
Ich kann meinen Soldaten Befehle geben.
Sie müssen tun, was ich sage.
Sage ich zu einem: Geh!, dann geht er.
Sage ich zu einem anderen: Komm her!, dann kommt er.
Sage ich zu meinem Sklaven: Tu das!, dann tut er es."
Als Jesus das hört, wundert er sich.
Er sagt zu denen, die mit ihm gegangen sind:
„So ein Vertrauen zu mir habe ich wirklich noch bei niemandem erlebt!"
Und zum Hauptmann sagt Jesus:
„Geh nur heim!
Wie du es glaubst, so soll es sein!"
In dieser Stunde wird der Sklave gesund.

(Matthäus 8, 5–13)

Ein Mann kommt zu Jesus.
Ein Ausländer.
Ein Fremder.
Er sagt:
„Jesus, hilf mir!

Mein Diener ist krank!"
Jesus sagt:
„Ich komme gleich!"
Der Fremde sagt:
„Du brauchst nicht zu kommen.
Sag nur ein Wort.
Dann wird mein Diener bestimmt gesund."
Jesus wundert sich.
Ein Fremder vertraut ihm so sehr.
Er sagt: „Es soll so sein, wie du willst."
Da ist der Diener wieder gesund.

Römische Soldaten

Wie du mir, so ich dir?

So sagen viele:
„Freund ist Freund.
Feind ist Feind.
Und sie denken:
Wie du mir, so ich dir!
Auge um Auge,
Zahn um Zahn."
Jesus sagt:
„So soll es nicht sein.
Ihr sollt eure Freunde lieben
und sogar eure Feinde.
Wenn du dich wehrst,
dann ohne Gewalt.
Wie soll das Schlagen und Zwingen aufhören,
wenn nicht du damit aufhörst?
Ihr sollt keine Schläger werden,
sondern Kinder Gottes.
Ihr sollt so vollkommen sein,
wie Gott vollkommen ist."

(Matthäus 5, 38–48)

DER GÜTIGE ARBEITGEBER

Einmal erzählt Jesus eine Geschichte:
„Mit dem Himmelreich ist es so wie mit einem Weinbauern."
In der Früh geht er auf den Dorfplatz,
um Arbeiter für seinen Weinberg anzustellen.
Sie machen sich aus,
dass sie für den ganzen Tag ein Silberstück als Lohn erhalten.
Das ist der übliche Tageslohn.
Damit hat eine Familie einen Tag etwas zu essen.
Dann schickt er sie in den Weinberg.
Um neun Uhr geht er wieder auf den Dorfplatz.
Dort sieht er noch andere Männer ohne Arbeit herumstehen.
Er sagt zu ihnen:
„Ihr könnt auch in meinem Weinberg arbeiten.
Ich will euch als Lohn geben, was gerecht ist."
Und so gehen sie zur Arbeit.
Genauso macht er es zu Mittag und um drei Uhr am Nachmittag.
Selbst wie er um fünf Uhr das letzte Mal auf den Dorfplatz geht,
findet er noch einige ohne Arbeit herumstehen.
Er sagt zu ihnen:
„Warum tut ihr den ganzen Tag nichts?"
Sie antworten:
„Niemand hat uns eine Arbeit gegeben."
Da sagt er:
„Auch ihr könnt noch in meinen Weinberg gehen und dort arbeiten!"
Am Abend ruft der Weinbauer seinen Verwalter und sagt zu ihm:
„Rufe die Arbeiter zusammen und zahle ihnen den Lohn aus!
Fange bei denen an, die zuletzt gekommen sind,
und höre bei denen auf, die zuerst gekommen sind."
Die Arbeiter, die erst um fünf Uhr gekommen sind, treten vor.
Jeder bekommt ein Silberstück.
Nun sind die an der Reihe,
die ganz früh angefangen haben.

Im Haus

Sie denken, dass sie mehr bekommen werden.
Aber sie bekommen auch jeder ein Silberstück.
Da regen sie sich über den Weinbauern auf und sagen:
„Die da, die ganz am Schluss gekommen sind,
haben nur eine Stunde gearbeitet.
Und du behandelst sie genauso wie uns?
Dabei haben wir den ganzen Tag über in der Hitze geschuftet!"
Da sagt der Weinbauer zu einem von ihnen:
„Mein Freund, ich bin zu dir nicht ungerecht!
Haben wir nicht ausgemacht,
dass du ein Silberstück bekommen wirst?
Das hast du doch erhalten, und jetzt geh!
Ich will einfach dem Letzten genausoviel geben wie dir!
Ist das nicht meine Sache, was ich mit meinem Geld tue?
Oder bist du neidisch, weil ich so gütig bin?"

(Matthäus 20, 1–16)

Viele Menschen brauchen Arbeit.
Ohne Arbeit kein Geld.
Ohne Geld kein Essen.
Jesus erzählt:
„Da kommt ein Bauer.
Er braucht Arbeiter für seinen Weinberg.
Einige arbeiten zwölf Stunden.
Einige arbeiten sechs Stunden.
Einige arbeiten nur eine Stunde.
Am Abend bekommen alle gleich viel Geld.
Wie ungerecht!
Der Bauer sagt:
Bei mir bekommen alle so viel,
wie sie zum Essen brauchen."

So kann der König sein:

Er wird eure Söhne holen.
Sie müssen seine Soldaten sein.
Sie müssen für ihn in den Krieg ziehen.
Sie müssen für ihn arbeiten.

Er wird auch eure Töchter holen.
Sie müssen für ihn kochen und putzen.
Sie müssen ihn Tag und Nacht bedienen.
Sie müssen für ihn arbeiten.

Er wird eure besten Felder und Gärten nehmen.
Von allem, was ihr habt,
wird er Steuern verlangen.

Ihm und seinen Freunden wird es gut gehen.
Aber ihr alle müsst für ihn arbeiten.
Wie Sklaven und Sklavinnen werdet ihr sein.

Dann werdet ihr schreien und rufen:
Gott, hilf uns doch gegen unseren König!

(nach: 1. Samuel 8)

So kann ein König auch sein:

Friede und Gerechtigkeit
in seinem Land!

Er ist stark für die Schwachen,
mutig für die Ängstlichen,
gerecht für die Armen.

Er gibt den Hungrigen das Brot,
dass sie leben können.
Das Leben der Menschen ist ihm mehr wert
als alles Gold der Welt.

Niemand fürchtet sich vor Gewalt und Krieg,
denn der König bringt den Frieden.

So ein König soll leben,
solang die Sonne scheint
und der Mond leuchtet.
Sein Name soll immer bekannt sein.

Glücklich sind alle,
die einen solchen König haben!
So werden sie rufen:
Glücklich sind wir
mit unserem König!

(nach: Psalm 72)

HOSANNA!

Jesus und seine Leute ziehen nach Jerusalem hinauf.
Sie wohnen im Dorf Betanien am Ölberg.
Da schickt Jesus zwei seiner Jünger voraus.
Er sagt zu ihnen:
„Geht in das Dorf da vorne!
Gleich wenn ihr hineinkommt,
werdet ihr einen jungen Esel finden.
Bringt ihn her!"
Die beiden gehen los.
Sie finden wirklich einen jungen Esel.
Sie bringen ihn zu Jesus.
Dann legen sie ihre Kleider auf das Tier.
Jesus setzt sich drauf und reitet los.
Viele Leute breiten ihre Kleider auf der Straße aus.
Andere reißen Zweige von den Sträuchern
und legen sie hin.
Rund um Jesus beginnen alle zu rufen:
„Hosanna!
Gelobt sei Gott!
Gelobt sei der, der im Namen Gottes kommt!
Gelobt sei das Königreich von David!
Es kommt jetzt wieder!
Hosanna in der Höhe!"
So zieht Jesus in Jerusalem ein.
Er schaut sich alles an.
Erst spät am Abend kehrt er wieder um nach Betanien.
Seine Jünger begleiten ihn.
Da geben sie den Esel wieder zurück.
So ist Jesus in Jerusalem eingezogen.
Genau, wie es beim Propheten Sacharja heißt:
„Du, Tochter Zion freue dich sehr,

und du, Tochter Jerusalem, jauchze!
Siehe, dein König kommt zu dir,
ein Gerechter und ein Helfer,
arm und reitet auf einem Esel,
auf einem Füllen der Eselin."

(Markus 11, 1–11, Sacharja 9,9)

Jesus kommt nach Jerusalem.
Alle freuen sich!
Sie rufen:
„Hosanna!
Da kommt Jesus, der König!"
Jesus reitet auf einem Esel.
Er ist der König der armen Leute.
Er ist der König des Friedens.

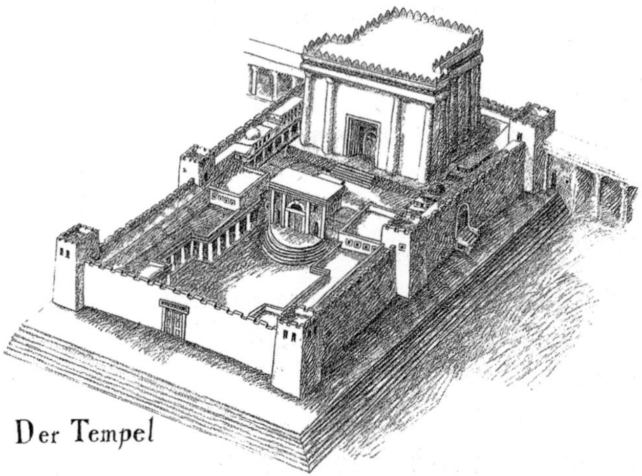

Der Tempel

JESUS HAT FEINDE

In Jerusalem sind viele Menschen.
In zwei Tagen beginnt das Passafest!
Alle wollen das Passafest feiern.
Sie erinnern sich an den Auszug aus Ägypten,
wie Gott sein Volk aus der Knechtschaft befreit hat.
Die obersten Priester überlegen:
„Wie können wir Jesus noch vor dem Fest verhaften?"
Sie möchten Jesus bei den Römern anzeigen.
Die Römer sollen Jesus umbringen.
Die obersten Priester sagen:
„Ja nicht am Fest!
Damit es im Volk nicht einen Aufruhr gibt!"
Judas Iskariot geht zu den obersten Priestern.
Er will ihnen Jesus verraten.
Dabei ist er einer von den zwölf Jüngern!
Als die Priester das hören, freuen sie sich!
Sie versprechen ihm Geld.
Jetzt wartet Judas auf eine gute Gelegenheit,
um Jesus zu verraten.

(Markus 14,1–11)

„Jesus muss sterben!"
So denken seine Feinde.
Sie haben Angst vor ihm.
Er redet von Gott.
Er will die Menschen befreien.
Er ist gefährlich.
Da kommt Judas.

Judas ist ein Freund von Jesus.
Jetzt will er Jesus verraten.
Warum?
Vielleicht weiß er es selber nicht.
Armer Judas!

DER ABSCHIED

Einen Tag vor dem Passafest fragen die Jünger Jesus:
„Wo sollen wir für dich das Festessen vorbereiten?"
Da schickt er zwei von ihnen voraus:
„Geht in die Stadt.
Dort werdet ihr einen Mann sehen,
der einen Wasserkrug trägt.
Folgt ihm, bis er in ein Haus hineingeht.
Dann sagt zum Herrn von diesem Haus:
‚Unser Meister lässt fragen:
Wo kann ich mit meinen Jüngern das Fest feiern?'
Der Hausherr wird euch ein großes Zimmer zeigen.
Dort bereitet alles für unser Fest vor!"
Die beiden gehen in die Stadt.
Sie finden alles, wie es Jesus gesagt hat.
Sie bereiten das Festessen vor.
Am Abend kommt Jesus mit den zwölf Jüngern.
Während der Mahlzeit sagt er:
„Ich weiß genau, dass mich einer von euch verraten wird.
Einer, der jetzt hier mit mir isst!"
Die Jünger werden traurig und fragen durcheinander:
„Meinst du etwa mich?"
Jesus antwortet:
„Einer von euch zwölf, der mit mir aus derselben Schüssel isst."
Während der Mahlzeit nimmt er das Brot,
dankt Gott dafür,
bricht es in Stücke
und gibt es seinen Jüngern mit den Worten:
„Nehmt, das ist mein Leib."
Dann nimmt er den Becher mit Wein.
Er spricht das Dankgebet
und gibt ihnen den Becher.
Alle trinken daraus.
Dabei sagt er zu ihnen:
„Das ist mein Blut, das für viele vergossen wird.
So schließt Gott seinen Bund mit euch."
Dann singen sie das Danklied
und gehen hinaus auf den Ölberg.
Es ist finstere Nacht.

(Markus 14, 12–25)

Jesus und seine Freunde feiern ein Fest.
Das Passafest.
Sie erinnern sich:
Wir waren Sklaven in Ägypten!
Gott hat uns befreit!
Jesus und seine Freunde feiern dieses Fest der Freiheit.
Aber es ist ein Abschied.
Jesus nimmt das Brot.
Er gibt es seinen Freunden:
„Nehmt und esst!
Das ist mein Leib!"
Dann nimmt er den Becher mit Wein:

„Nehmt und trinkt!
Das ist mein Blut."
So bleibt Jesus bei seinen Freunden.
Er ist bei ihnen,
wenn sie das Fest feiern
mit Brot und Wein.

ANGST

Am Ölberg kommen sie in einen Garten.
Der Garten heißt Getsemani.
Jesus sagt zu den Jüngern:
„Setzt euch hier her und wartet auf mich!
Ich will zu Gott beten."
Er nimmt Petrus, Jakobus und Johannes mit
und geht ein Stück weiter.
Plötzlich bekommt er schreckliche Angst
und sagt zu ihnen:
„Meine Seele ist betrübt bis zum Tod!
Bleibt hier und bleibt bitte wach!"
Er geht weiter und wirft sich auf die Erde.
Er betet:
„Gott, dir ist nichts unmöglich.
Hilf, dass ich nicht sterben muss!
Aber es soll das geschehen, was du willst,
nicht das, was ich will."
Er kommt zurück.
Die drei Jünger schlafen.
Jesus ist traurig:
„Könnt ihr nicht mit mir wach bleiben?"
Noch einmal geht er und betet.
Wieder schlafen die Jünger ein.
Auch beim dritten Mal sind sie eingeschlafen,
als er wieder zurückkommt.
„Jetzt könnt ihr schlafen und euch ausruhen?",
fragt Jesus enttäuscht,
„Jetzt ist es so weit!
Schaut: Da kommt mein Verräter.
Steht auf, wir müssen gehen."
Es wird ein schlimmer Weg.

(Markus 14, 32–42)

Jesus geht mit seinen Freunden in den Garten.
Er hat große Angst.
Er fürchtet sich davor,
dass er sterben muss.
„Bleibt bei mir!
Bleibt wach!",
sagt er zu seinen Freunden.
Er geht und betet.
Die Freunde schlafen ein.
„Wie könnt ihr schlafen,
wenn ich solche Angst habe?",
fragt Jesus.
Die Freunde haben keine Antwort.
Da kommt Judas.
Jetzt wird er Jesus verraten.

VERHAFTUNG

Judas kommt mit anderen Männern.
Sie sind mit Schwertern und Knüppeln bewaffnet.
Sie sind von den obersten Priestern geschickt worden.
Judas hat mit ihnen ausgemacht:
„So könnt ihr Jesus erkennen:
Es ist der, den ich mit einem Kuss begrüßen werde.
Den verhaftet!"
Jetzt geht Judas gerade auf Jesus zu.
Er begrüßt ihn und gibt ihm einen Kuss.
Da packen die Männer Jesus und verhaften ihn.
Seine Jünger laufen alle davon.
Sie lassen Jesus allein.

(Markus 14, 43–46)

Hohepriester

Priester

Judas kommt mit anderen Männern.
Sie haben Waffen.
Jesus wird verhaftet.
Er wird gefesselt und weggebracht.
Seine Freunde sind alle davongelaufen.

DAS VERHÖR

Dann führen sie Jesus zum Haus des obersten Priesters.
Alle, die im Tempel etwas zu sagen haben, sind da.
Sie verhören Jesus.
Der oberste Priester steht auf und geht in die Mitte.
Er fragt Jesus: „Bist du der versprochene Retter?
Bist du der Sohn Gottes?"
Jesus antwortet: „Ich bin es."
Da zerreißt der oberste Priester sein Gewand:
„Brauchen wir noch mehr?
Ihr habt alle gehört,
wie er Gott beleidigt!
Was ist eure Meinung?"
Einstimmig beschließen sie:
„Er ist schuldig.
Er muss sterben."

(Markus 14, 53–64)

Jesus wird zu seinen Feinden gebracht.
Alle stehen um ihn herum.
Sie fragen durcheinander.
Jesus sagt nichts.

Dann fragt einer:
„Bist du der Sohn Gottes?"
Jesus sagt:
„Ich bin es."
Aufgeregt schreien alle:
„Das darf niemand sagen!
Wer das sagt, muss sterben!"

PETRUS VERLEUGNET JESUS

Petrus ist heimlich nachgekommen.
Er hat Jesus versprochen:
„Ich werde dich nie verlassen!"
Jesus hat gesagt:
„Versprich das nicht!
Du weißt nicht, was geschehen wird.
Schon morgen, wenn der Hahn in der Früh kräht,
kann alles anders sein!"

Jetzt steht Petrus draußen vor dem Haus.
Drinnen wird Jesus verhört.
Da kommt eine Dienerin und schaut Petrus ganz genau an.
Sie sagt:
„Du gehörst auch zu diesem Jesus!"
Petrus leugnet. Er sagt:
„Ich weiß nicht, wovon du redest."
Aber die Dienerin ruft es so laut,
dass es alle hören können:
„Der da gehört auch zu diesem Jesus!"
Aber Petrus leugnet es wieder.
Dann sagen andere, die da herumstehen:
„Freilich gehörst du auch dazu!
Wir hören es ja an deiner Sprache:
Du kommst auch aus Galiläa!"
Da fängt Petrus an zu fluchen und zu schwören:
„Ich kenne diesen Menschen gar nicht,
von dem ihr da redet."
Draußen kräht der Hahn.
Petrus erinnert sich an das,
was Jesus gesagt hat.
Er muss bitterlich weinen.

(Markus 14, 66–72)

Petrus ist mitgekommen.
Er will ganz mutig sein
und bei Jesus bleiben.
Da fragt ihn eine Frau:
„Bist du ein Freund von Jesus?"
Petrus sagt: „Nein!
Ich kenne gar keinen Jesus!"
Noch einmal fragt sie ihn
und dann noch ein drittes Mal.
Immer sagt Petrus,
dass er Jesus gar nicht kennt.
Aber dann kräht der Hahn.
Petrus muss bitterlich weinen.
Er hat seinen Freund verleugnet.

URTEIL UND KREUZIGUNG

Am nächsten Tag in der Früh
wird Jesus gefesselt abgeführt.
Er wird zu Pontius Pilatus gebracht.
Pontius Pilatus ist der Vertreter des Kaisers in Rom.
Er kann über Leben und Tod der Menschen entscheiden.
Pilatus fragt Jesus:
„Was hast du verbrochen?
Willst du dich nicht verteidigen?
Die Leute sagen,
du bist der König.
Stimmt das?"
Jesus antwortet:
„Du sagst es."
Jetzt weiß Pilatus,
wie er entscheiden soll:
„Peitscht Jesus aus
und hängt ihn dann ans Kreuz!"
Die Soldaten führen Jesus hinaus.
Sie bringen ihn an einen Ort, der Golgota heißt.
Golgota bedeutet „Schädel".
Dort kreuzigen sie ihn.
Untereinander verteilen sie seine Kleider.
Es ist neun Uhr in der Früh.
Der Grund für seine Kreuzigung ist auf ein Schild geschrieben:
„Der König der Juden".
Zusammen mit Jesus kreuzigen sie zwei Verbrecher,
einen rechts und einen links von ihm.
Von zwölf Uhr zu Mittag bis drei Uhr am Nachmittag
wird es im ganzen Land finster.
Um drei Uhr schreit Jesus laut:
„Mein Gott, mein Gott!
Warum hast du mich verlassen?"
Dann schreit Jesus noch einmal ganz laut und stirbt.
Der römische Hauptmann steht beim Kreuz.
Er sieht, wie Jesus stirbt:
„Dieser Mensch war wirklich Gottes Sohn!"
Es sind auch einige Frauen da.
Von ferne müssen sie alles mitansehen.

(Markus 15, 1–41)

**Jesus wird verurteilt:
Nur der Kaiser in Rom ist König!
Es darf keinen anderen König geben!
Jesus muss sterben.
Die römischen Soldaten hängen Jesus an ein Kreuz.
So grausam muss er sterben.
So grausam müssen alle sterben,
die gegen den Kaiser in Rom sind.
Ganz allein stirbt Jesus.
Seine Freunde haben ihn alleingelassen.
Ein paar Frauen sind da.
Sie waren mit Jesus zusammen.
Sie müssen jetzt zuschauen, wie Jesus stirbt.
Sie sind sehr traurig.**

Mein Gott, mein Gott,
warum hast du mich verlassen?

Mein Gott, mein Gott,
warum hast du mich verlassen?

Warum hilfst du nicht, wenn ich schreie?
Warum bist du so weit weg?

Tag und Nacht rufe ich: Keine Antwort.
Ich finde keine Ruhe.

Du bist doch heilig,
dir singen die Menschen Dankeslieder!

Dir vertrauten unsere Vorfahren,
sie wussten sich an dir sicher,
ja: ganz sicher.
Und du hast sie gerettet.

Aber ich: kaum noch ein Mensch,
wie ein Wurm fühle ich mich,
verachtet und verhöhnt.

Die Leute machen sich über mich lustig,
sie verspotten mich alle,
verziehen den Mund
und schütteln den Kopf:
„Na, jetzt soll ihm sein Gott helfen,
er ist ja doch sein Liebling."

Oh Gott,
unter deinem Schutz stehe ich
seit meiner Geburt,
vom ersten Anfang an.
Lass mich jetzt nicht alleine,
bleib nicht so weit weg,
denn ich bin in Not!
Niemand sonst kann mir jetzt helfen.

Ja, Gott, du hörst mich.
Ich will davon erzählen!
Ich will Gutes von Gott reden!
Ich will ihn ehren und loben!

Denn: das Elend hat Gott nicht übersehen.
Das Geschrei war ihm nicht lästig.
Er hat sich nicht versteckt.

Die Armen sollen sich satt essen.
Die nach Gott suchen,
werden ihn finden und sich freuen.
Das Herz wird aufleben!

Alle sollen es hören:
Wie gut Gott ist, was er getan hat!
Wie Gott eingegriffen hat,
wie treu er ist.

(Psalm 22)

JESUS WIRD BEGRABEN

Es ist Abend geworden.
Josef von Arimathäa fragt Pilatus,
ob er Jesus begraben darf.
Am nächsten Tag ist Sabbat,
der heilige Tag.
Am Sabbat sollen alle Toten begraben sein.
Pilatus erlaubt es.
Josef von Arimathäa kauft ein Tuch aus Leinen.
Er nimmt den toten Jesus vom Kreuz
und wickelt ihn in das Tuch.
Dann legt er ihn in ein Grab,
das in den Fels hinein gehauen ist.
Zuletzt rollt er noch einen Stein vor den Eingang.
Maria Magdalena und eine andere Frau sehen zu.
Sie merken sich, wo Jesus begraben wird.

(Markus 15,42–47)

Jesus ist tot.
Da kommt sein Freund Josef.
Josef will Jesus begraben.
Er nimmt den toten Jesus
vom Kreuz herunter.
Er hüllt ihn in ein Tuch.
Dann legt er ihn in ein Grab.
Das Grab ist eine Höhle.
Vor das Grab rollt Josef einen Stein.
So ein großer Stein!

DAS GRAB IST LEER!

Als der Sabbat vorbei ist,
kaufen Maria Magdalena,
Maria, die Mutter des Jakobus und Salome
gut riechendes Öl.
Sie gehen zum Grab.
Sie wollen Jesus salben.
Unterwegs überlegen sie:
„Wer wird uns den Stein wegrollen?
So ein großer Stein!"
Sie kommen zum Grab.
Gerade geht die Sonne auf.
Da sehen sie:
Der Stein ist schon weggerollt!
Sie gehen in das Grab hinein.
Sie sehen: Auf der rechten Seite sitzt
ein junger Mensch in einem weißen Gewand.
Der sagt zu ihnen:
„Fürchtet euch nicht!
Ihr sucht Jesus von Nazaret, der gekreuzigt wurde.
Er ist nicht hier.
Gott hat ihn auferweckt!
Hier seht ihr die Stelle, wo er gelegen hat.
Geht und sagt seinen Jüngern:
Er geht euch nach Galiläa voraus.
Dort werdet ihr in sehen.
Genauso, wie er es gesagt hat."
Da verlassen die Frauen das Grab.
Sie rennen davon.
Furcht und Schrecken haben sie gepackt.

(Markus 16,1–8)

In der Früh gehen die Frauen zum Grab.
Sie sind traurig.
Jesus ist tot!
Sie kommen zum Grab.
Der Stein ist weg!
Sie gehen hinein.
Da sitzt ein Engel und sagt:
„Jesus ist auferstanden!
Jesus lebt!
Ihr werdet ihn sehen!"
Die Frauen erschrecken.
Sie laufen davon.
Die Sonne ist aufgegangen.

Felsengrab

MARIA MAGDALENA

Maria Magdalena steht draußen vor dem Grab.
Sie weint.
Mit Tränen in den Augen beugt sie sich vor
und schaut in das Grab hinein.
Sie sieht Engel in weißen Gewändern.
Die Engel sagen zu ihr:
„Frau, warum weinst du?"
Sie antwortet:
„Irgendwer hat meinen Jesus weggenommen!
Jetzt weiß ich nicht, wohin man ihn gebracht hat."
Dann dreht sie sich um und sieht jemanden da stehen.
Sie weiß nicht, dass es Jesus ist.
Auch Jesus fragt sie:
„Frau, warum weinst du?
Wen suchst du?"
Sie glaubt, dass es der Gärtner ist und sagt:
„Wenn du ihn weggebracht hast,
sag mir bitte, wo er jetzt ist!
Dann will ich ihn holen kommen."
Jesus nennt sie beim Namen:
„Maria!"
Da dreht sie sich ganz zu ihm.
In ihrer Muttersprache ruft sie:
„Rabbuni!"
Das heißt: Meister.
Jesus sagt zu ihr:
„Rühr mich nicht an!
Halte mich nicht fest!
Ich gehe hinauf zu meinem Vater, der auch euer Vater ist,
zu meinem Gott, der auch euer Gott ist.
Sag das meinen Jüngern!"

Gleich geht Maria Magdalena zu den Jüngern:
„Ich habe Jesus gesehen!"
Und sie richtet ihnen alles aus, was er gesagt hat.

(Johannes 20, 11–18)

Maria Magdalena ist traurig.
Sie weint.
Sie kann Jesus nicht finden!
Da kommt Jesus zu ihr.
Er sagt: „Du musst nicht mehr weinen.
Es wird alles wieder gut."

DER WEG NACH EMMAUS

Am selben Tag gehen zwei Jünger
von Jerusalem ins Dorf Emmaus.
Sie sprechen miteinander über alles,
was passiert ist.
Während sie so reden
und alles hin und her überlegen,
kommt Jesus zu ihnen und begleitet sie.
Sie erkennen ihn aber nicht,
weil sie wie blind sind und keine Augen für ihn haben.
Da sagt er zu ihnen:
„Worüber redet ihr da?"
Sie bleiben traurig stehen.
Der eine – er heißt Kleopas – antwortet ihm:
„Bist du nicht aus Jerusalem?
Weißt du als einziger nicht,
was dort in den letzten Tagen passiert ist?"
„Was denn?", fragt er
und sie antworten:
„Na, das mit Jesus aus Nazaret!
Der war ein Prophet!
Das merkte man an dem, was er sagte und an dem, was er tat.
Gott und die einfachen Menschen waren ihm wichtig.
Doch unsere obersten Priester und die Römer haben ihn zum Tode verurteilt
und ans Kreuz hängen lassen.
Und wir haben so fest geglaubt,
dass er es ist, der Israel befreien wird!
Seitdem das alles passiert ist,
sind jetzt genau drei Tage vergangen.
Außerdem haben uns ein paar Frauen, die zu uns gehören,
ganz schön aufgeregt.

Sie sind nämlich in der Früh beim Grab gewesen
und haben seinen Leichnam nicht gefunden!
Dann sind sie zurückgekommen und haben erzählt:
Sie haben Engel gesehen!
Die Engel haben gesagt, dass er lebt!
Da sind einige von uns selbst zum Grab gegangen.
Es war alles genau so, wie die Frauen erzählt haben."
Da sagt er zu ihnen:
„Begreift ihr nicht?
Wie schwer fällt es euch alles zu glauben,
was die Propheten schon lange gesagt haben?
Musste es nicht so geschehen?"
Und er beginnt bei Mose und allen Propheten.
Er erklärt ihnen, was schon lange
über ihn geschrieben wurde.
So kommen sie zu dem Dorf.
Jesus will weitergehen.
Aber sie bitten ihn und sagen:
„Bleib doch bei uns, denn es wird Abend!
Der Tag hat sich schon geneigt."
So geht er mit hinein und bleibt bei ihnen.
Wie er mit ihnen bei Tisch sitzt,
nimmt er das Brot,
spricht das Dankgebet,
bricht es in Stücke
und gibt es ihnen.
Da gehen ihnen die Augen auf und sie erkennen ihn.
Im selben Augenblick verschwindet Jesus.
Sie können ihn nicht mehr sehen.
Da sagen sie zueinander:
„Brannte uns nicht richtig das Herz in der Brust,
als er unterwegs mit uns redete?"
Noch in der gleichen Stunde brechen sie auf
und kehren nach Jerusalem zurück.
Sie treffen die anderen Jünger,
die beisammengeblieben sind.
Die sagen: „Jesus ist wirklich auferstanden!
Er ist dem Petrus erschienen!"
Da erzählen auch sie,
was sie auf dem Weg alles erlebt haben:
Wie sie Jesus erst erkannt haben,
als er das Brot teilte.

(Lukas 24, 13–35)

Zwei Jünger gehen von Jerusalem weg.
Sie sind traurig.
Jesus ist tot!
Jetzt ist alles aus!
Da kommt ein Fremder und geht mit ihnen.
Er fragt:
„Warum seid ihr so traurig?"
Sie sagen:
„Weil Jesus tot ist!
Jetzt hat alles keinen Sinn mehr!"
Der Fremde sagt:
„Einmal werdet ihr alles verstehen.
Dann werdet ihr nicht mehr traurig sein."
Sie kommen in ein Dorf.
Der Mann will weitergehen.
Die Jünger laden ihn ein:

„Bleib doch bei uns!"
Er bleibt.
Sie sitzen am Tisch.
Der Fremde nimmt das Brot und gibt es ihnen.
Plötzlich erkennen sie ihn!
Es ist Jesus!
Jetzt verstehen sie alles.
Sie sind nicht mehr traurig
und laufen zurück nach Jerusalem.
Dort warten schon die anderen Jünger.

ERZÄHLT VON MIR!

Einige Zeit nach Ostern kommt Jesus zu allen Jüngern:
„Geht nicht weg aus Jerusalem!
Bleibt da und wartet!
Bald wird der Geist Gottes euch erfüllen!
Der wird euch Kraft geben,
dass ihr von mir erzählen könnt.
Auf der ganzen Welt!
Dann macht euch auf den Weg!
Geht zu allen Völkern,
helft den Menschen, dass sie meine Freunde werden!
Tauft sie auf den Namen des Vaters
und des Sohnes und des Heiligen Geistes!
Lehrt sie so zu leben, wie ich es euch gezeigt habe!
Vertraut darauf:
Ich bin bei euch alle Tage bis zum Ende der Welt."

Dann wird er vor ihren Augen emporgehoben.
Eine Wolke versteckt ihn vor ihren Blicken.
Sie schauen ihm die ganze Zeit nach
und starren zum Himmel.
Da stehen plötzlich zwei Männer bei ihnen:
„He, ihr Leute!
Warum steht ihr da und starrt zum Himmel?
Jesus ist weggegangen.
Er ist in den Himmel aufgenommen worden.
So wird er wiederkommen."
Die Jünger bleiben in Jerusalem.
Sie warten.

(Apostelgeschichte 1, 4–12; Matthäus 28, 18–20)

Jesus und seine Freunde
sind auf dem Berg vor der Stadt.
Jesus geht weg.
„Wohin gehst du?"
fragen seine Freunde.
„Ich gehe zu Gott.
Wo Gott ist, da ist der Himmel",
sagt Jesus,
„Ihr braucht mich nicht mehr.
Jetzt geht selber in alle Welt
und erzählt den Menschen von Gott.
Tauft sie!
Auch sie sollen meine Freunde werden!"
Die Freunde sagen:
„Geh nicht weg!

Wir können es nicht allein!"
Jesus sagt:
„Ihr seid doch nicht allein!
Gott wird euch seinen Geist schicken.
Dann habt ihr auch keine Angst mehr."
So geht Jesus weg.
Zu Gott.
In den Himmel.
Die Freunde bleiben beisammen.

PFINGSTEN

In Jerusalem sind viele Menschen,
die Pfingsten feiern.
Sie danken Gott für die Ernte.
Die Jünger sind auch alle beisammen.
Plötzlich hören sie vom Himmel her ein Brausen
wie ein starker Sturm.
Der Sturm fährt in das Haus,
in dem sie sind.
Dann sehen sie Feuerzungen über sich.
So kommt der Geist Gottes!
Wie ein Sturm!
Wie ein Feuer!
Aus dem Mund der Jünger
kommen unverständliche Worte.
Fremde Sprache!
Vom Geist eingesagt!
In Jerusalem sind Menschen aus allen Ländern der Welt.
Wie sie den Sturm hören,
laufen sie zusammen.
Sie bekommen einen großen Schrecken!
Jeder hört die Jünger in seiner Sprache reden!
Sie sind ganz aufgeregt:
„Sind das nicht alles Leute aus Galiläa?
Wieso können wir sie verstehen?"
Staunend und ratlos fragen sie:
„Was bedeutet das alles?"
Andere spotten nur:
„Ach, die sind einfach betrunken vom Wein!"
Aber Petrus steht auf
und beginnt von Jesus zu erzählen.

(Apostelgeschichte 2, 1–13)

Es ist Pfingsten.
Viele Menschen sind in Jerusalem.
Aus allen Ländern der Welt!
Die Freunde Jesu sind zusammen.
Plötzlich kommt ein Sturm!
Da sind auch Feuerflammen!
So kommt Gottes Geist.
Die Freunde reden durcheinander.
Laut und aufgeregt!
Aber alle verstehen sie.
Sie hören von Jesus.
Sie hören von Gott.

Ein Jesuslied

Er war eins mit Gott,
aber er hielt sich nicht fest daran.
Freiwillig gab er alles auf,
auch sich selbst.
Wie ein Mensch wurde er geboren,
wie ein Mensch lebte er.
Freiwillig machte er sich schwach
und ging auf diesem Weg bis zum Tod.
Wie ein Verbrecher starb er am Kreuz.
Darum hat ihn Gott in die Höhe gehoben.
Er hat ihm einen Ehrennamen gegeben.
Der bedeutet: Jesus, der Christus.
Ein Mächtiger wie Gott.
Ein Wunder der Weisheit.
Ein Fürst des Friedens.
Seine Macht reicht überall hin
und sein Reich wird kein Ende haben.
Und alle sollen sagen:
Ja, Gott ist groß!

(nach: Philipper 2, 5–11)

EIN AFRIKANER WIRD GETAUFT

Philippus ist einer von den Jesusleuten in Jerusalem.
Einmal erhält er von einem Engel folgenden Auftrag:
„Geh' auf der Straße,
die von Jerusalem nach Süden führt!"
Philippus macht sich auf den Weg.
Genau auf der Straße ist ein Mann aus Afrika unterwegs.
Er verwaltet den Schatz eines Königreiches.
Nach Jerusalem ist er gekommen,
um im Tempel zu beten.
Nun fährt er wieder heim.
Er sitzt auf seinem Wagen
und liest in der Bibel.
Philippus läuft hin und hört,
wie der Mann laut in der Bibel liest.
Philippus fragt ihn:
„Und? Verstehst du auch, was du liest?"
Der Mann antwortet:
„Wie soll ich es verstehen, wenn es mir niemand erklärt?"
Er lädt Philippus ein, zu ihm in den Wagen zu steigen.
Philippus erklärt ihm alles,
was er wissen will.
Er erzählt ihm auch von Jesus.
Wie sie so weiterfahren, kommen sie zu einer Wasserstelle.
Da sagt der Mann aus Afrika:
„Hier ist Wasser!
Was spricht dagegen, dass ich mich taufen lasse?"
Er lässt den Wagen anhalten.
Beide steigen ins Wasser hinein
und Philippus tauft ihn.
Fröhlich fährt der Mann aus Afrika nach Hause.

(Apostelgeschichte 8, 26 – 40)

Philippus gehört zu den Freunden Jesu.
Er geht auf der Straße.
Da fährt ein reicher Mann vorbei.
Er ist aus Afrika.
Er liest in der Bibel.
Philippus fragt:
„Was liest du da?"
Der Mann aus Afrika sagt:
„Ich lese die Bibel.
Aber ich verstehe nichts!"
Philippus erklärt es ihm
und erzählt ihm von Jesus.
Der Mann aus Afrika sagt:
„Ich will ein Freund von Jesus sein!
Bitte, taufe mich!"
Philippus tauft ihn.
Der Mann ist fröhlich!
Jetzt hat Jesus auch in Afrika einen Freund.

Das griechische Alfabet

Α, α	Alpha	Η, η	Eta	Ν, ν	Ny	Τ, τ	Tau
Β, β	Beta	Θ, ϑ	Theta	Ξ, ξ	Xi	Υ, υ	Ypsilon
Γ, γ	Gamma	Ι, ι	Iota	Ο, ο	Omikron	Φ, φ	Phi
Δ, δ	Delta	Κ, κ	Kappa	Π, π	Pi	Χ, χ	Chi
Ε, ε	Epsilon	Λ, λ	Lambda	Ρ, ρ	Rho	Ψ, ψ	Psi
Ζ, ζ	Zeta	Μ, μ	My	Σ, σ	Sigma	Ω, ω	Omega

GEMEINSCHAFT

So leben die Jesusleute in Jerusalem:
Sie hören die Worte der Apostel,
halten fest zusammen,
teilen das Brot
und beten.
Und alle spüren:
Durch sie tut Gott selbst etwas!
Denn sie können erstaunliche Dinge tun.
Die an Jesus glauben,
haben alles gemeinsam.
Sie verkaufen alles, was sie haben
und geben das Geld denen, die es brauchen.
Jeden Tag sind sie gemeinsam im Tempel,
jeden Tag teilen sie das Brot
und feiern in ihren Häusern.
Sie freuen sich übereinander
und denken nicht schlecht voneinander.
Sie loben Gott und sind bei allen beliebt.
Jeden Tag kommen Neue dazu.
Sie werden zu Freunden von Jesus.

(Apostelgeschichte 2, 42–47)

Die Freunde von Jesus bleiben zusammen.
Sie erzählen die Geschichten von Jesus,
sie beten miteinander
und teilen das Brot.
Sie helfen einander
und sind gerne beisammen.
Alle können zu ihnen kommen.

Niemand ist unbeliebt.
So ist der Geist Gottes!

STREIT

Gerade in der Zeit,
als die Jesusleute immer mehr werden,
kommt es zu einem großen Streit.
Die, die neu dazugekommen sind,
streiten mit denen,
die schon lange dabei sind:
„Jeden Tag, wenn das Brot geteilt wird,
bekommen unsere Leute weniger als eure!
Das ist nicht gerecht!"
Da rufen die zwölf Apostel alle zusammen und erklären:
„So kann es nicht weitergehen!
Jeder macht irgendwas
und das, was wirklich wichtig ist, geschieht nicht!
Ab jetzt werden wir das genau aufteilen.
Wir Apostel werden den Menschen von Jesus erzählen
und uns nicht mehr mit dem Brotverteilen beschäftigen.
Aber das Brotverteilen ist wichtig!
Deshalb sollt ihr jetzt sieben Helfer wählen,
die dafür geeignet sind.
Die sollen dann das Brotverteilen übernehmen."
Dieser Vorschlag gefällt allen gut.
Sie wählen sieben Männer.
Die Jesusleute beten für sie
und legen ihnen die Hände auf.
Die Botschaft von Jesus: Worte und Brot.
Die Jesusleute werden immer mehr.

(Apostelgeschichte 6,1–7)

Ein Streit!
Die Freunde Jesu streiten.
Die einen bekommen mehr
als die anderen!
Das ist nicht gerecht!
Was können wir tun?
So kann es nicht bleiben!
Die Freunde Jesu setzen sich zusammen
und denken nach.
Sie reden miteinander.
Sie streiten.
Was wollen die einen?
Was wollen die anderen?
Wie können alle zusammenbleiben?
Dann hat jemand eine Idee:
„Es muss ganz gerecht geteilt werden.
Niemand nimmt sich selbst!
Wir bestimmen jemand zum Austeilen."
Alle sind einverstanden!
Sie bleiben beisammen!
Gut, dass sie so streiten können.

WIR GEHÖREN ZUSAMMEN!

Der Leib eines Menschen hat verschiedene Teile.
Trotzdem ist es ein Leib.
So ist es auch mit denen,
die zu Jesus gehören.
Alle sind verschieden.
Trotzdem gehören sie zusammen.
Warum?
Es ist ein Geheimnis:
weil Jesus die Mitte ist.

Wenn der Fuß sagt:
„Ich bin keine Hand!
Also gehöre ich nicht zu diesem Leib!"
Dann ist das falsch!
Er gehört doch dazu!
Und wenn das Ohr sagt:
„Ich bin kein Auge!
Ich gehöre nicht zu diesem Leib!"
Wieder falsch.
Das Ohr gehört auch dazu.
Wenn der ganze Leib nur Auge wäre,
dann könnte niemand hören!
Und wenn der ganze Leib nur Ohr wäre,
dann könnte niemand riechen.
Aber Gott hat jeden einzelnen Teil
so zu einem Leib zusammengefügt,
dass das Ganze einen Sinn hat!
Es gibt viele verschiedene Teile,
die zusammen einen Leib bilden.
Das Auge kann nicht zur Hand sagen:
„Ich bin nicht auf dich angewiesen!"
Der Kopf kann nicht zu den Füßen sagen:
„Ich brauche euch nicht!"
Sind Hände und Füße weniger wichtig als Kopf und Auge?
In Wirklichkeit sind gerade die unscheinbaren Teile am wichtigsten!
Gott hat es so gemacht,
damit alle beisammenbleiben
und füreinander da sind.
Wenn ein Teil leidet,
dann leiden alle anderen mit!
Und wenn ein Teil sich freut,
dann freuen sich alle anderen genau so!
So ist es bei den Jesusleuten:
Alle, die dazugehören, sind wichtig.

(1. Korinther 12, 12–27)

Das Auge sagt zum Fuß:
„Brauche ich dich?
Nur Sehen ist wichtig!"
Die Hand sagt zum Ohr:
„Du tust gar nichts!"
Das ist dumm!
Sie gehören alle zusammen.
So ist es auch mit den Freunden von Jesus.
So ist es auch mit dir und mir:
Wir sind verschieden.
Wir gehören zusammen.

Unter einem Himmel

Menschen unter einem Himmel.
Menschen unterwegs.

Sara und Abraham,
Jakob und Esau,
Josef und seine Brüder,
Mirjam am Schilfmeer,
die Hebräer in der Wüste,
Mose am Sinai
und viele andere.

Maria und Josef,
Jesus und seine Freunde,
Maria Magdalena und die Jünger von Emmaus,
Philippus und der Afrikaner,
und viele andere.

Wanderer unterwegs,
unter einem Himmel.
Tanzen und Singen,
Stolpern und Fallen.
Helfen anderen,
werden selbst aufgerichtet,
gehen gemeinsam weiter,
tauschen Erinnerungen aus
und fragen:
Was wird morgen sein?

Einmal wird die Finsternis
von Gottes Licht durchdrungen.
Die Menschen werden wieder voll Freude sein.
Lieder werden gesungen,
von Klagen und Schmerzen wird
man nichts hören.
Keiner muss mehr stöhnen,
keine wird mehr traurig sein.
Die Tränen in den Augen der Menschen
wird Gott abwischen.
Und den Tod –
den gibt es nicht mehr.

(Jesaja 65,17–19)

Palästina zur Zeit Jesu

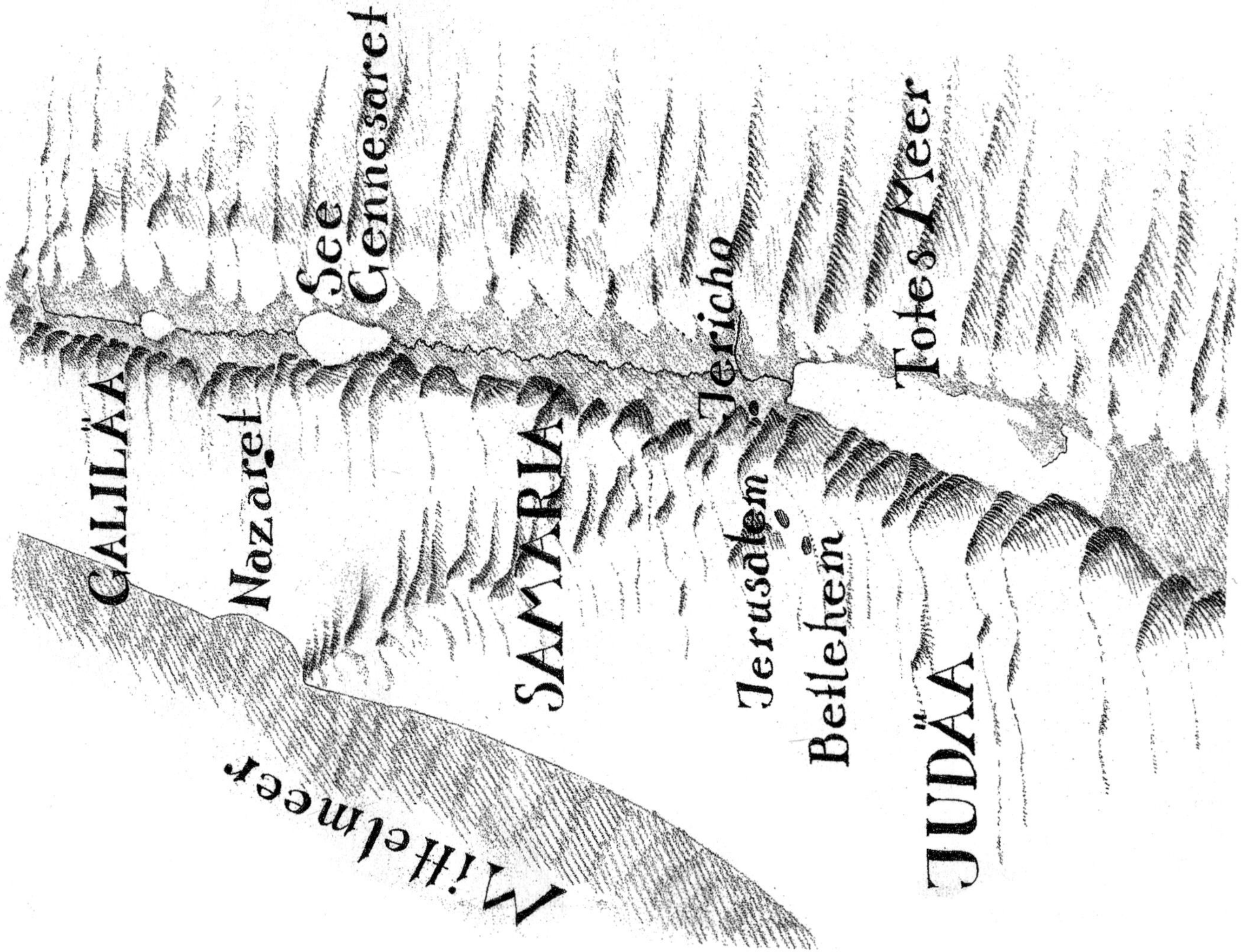